OTTO BULLETPROOF

BECOMING BULLETPROOF

OTTO BULLETPROOF

BECOMING BULLETPROOF

Mein Leben zwischen Survival-Touren, Bushcraft und Bundeswehr

riva

Bibliografische Information der Deutschen Nationalbibliothek
Die Deutsche Nationalbibliothek verzeichnet diese Publikation in der Deutschen Nationalbibliografie. Detaillierte bibliografische Daten sind im Internet über http://dnb.d-nb.de abrufbar.

Für Fragen und Anregungen
info@m-vg.de

Wichtiger Hinweis
Ausschließlich zum Zweck der besseren Lesbarkeit wurde auf eine genderspezifische Schreibweise sowie eine Mehrfachbezeichnung verzichtet. Alle personenbezogenen Bezeichnungen sind somit geschlechtsneutral zu verstehen.

Originalausgabe
1. Auflage 2024

Türkenstraße 89
80799 München
Tel.: 089 651285-0

Manuskriptbearbeitung: Tim Farin
Redaktion: Oliver Uschmann
Umschlaggestaltung: Sonja Vallant
Satz: abavo GmbH, Buchloe
Druck: GGP Media GmbH, Pößneck
Printed in Germany

ISBN Print 978-3-7423-2542-6
ISBN E-Book (PDF) 978-3-7453-2308-5
ISBN E-Book (EPUB, Mobi) 978-3-7453-2309-2

Wir produzieren nachhaltig
www.m-vg.de

Weitere Informationen zum Verlag finden Sie unter

www.rivaverlag.de

Beachten Sie auch unsere weiteren Verlage unter www.m-vg.de

Inhalt

Ich danke meiner Frau für das Vertrauen und die Unterstützung bei all meinen Projekten. Danke, dass du an meiner Seite stehst und mir immer den Rücken frei hältst. Ich liebe dich.

Danke an meine Kinder, dass ihr mein Leben so bereichert und ich die Welt immer wieder durch euch mit Kinderaugen neu entdecken darf.

Danke an meinen Vater, du hast mich auf das Leben gut vorbereitet. Dein Motto »In der Ruhe liegt die Kraft« nehme ich mir sehr zu Herzen und lebe danach.

Von Bären übers Leben lernen

Ich bin im Paradies. Es ist Hochsommer, was hier oben im Norden bedeutet, dass die Luft tagsüber auch mal 20 Grad warm wird, und selbst in der Nacht war es mit sieben Grad recht mild. Recht mild heißt aber auch: Es ist durchaus feucht, es regnet immer mal wieder, ist diesig oder neblig. Seit Tagen bin ich unterwegs, ohne einem Pfad zu folgen. Manchmal gibt es eine 20, 30 Zentimeter breite Schneise, von Wildtieren in Unterholz oder Gebüsch getreten, die großen Karibus machen so etwas. Ansonsten fehlt jeder vorbereitete Weg, der Blick auf die Natur bleibt unverstellt. Ich bin nicht allein, ich wandere mit Fabio Schäfer durch Kanada, auf dem Rücken jeweils über 35 Kilo Gepäck. Wir tragen Outdoor-Montur und Kamera-Sets am Körper und in unseren Rucksäcken. Voranzukommen auf unserem Weg ist mühsam und gleichzeitig so unbegreiflich schön, die Gipfel der MacKenzie Mountains um uns herum, das wilde Wasser am Fluss vor uns, die Tannenwälder und die Ruhe, diese Abwesenheit von Lärm, Maschinen, Zivilisation. Einfach nur friedvoll. Wir sind harmonisch unterwegs, während wir unserer Route folgen, ausgestattet mit altem Kartenmaterial. Es fühlt sich an wie das Leben, das ich mir als kleiner Junge immer erträumt habe. Und dennoch wissen wir, dass wir es nicht zu sehr genießen dürfen. Fabio und ich gehen über freies Feld, wenn es möglich ist. Wir wollen wissen, was vor uns steht, was sich um uns herum bewegt. Wobei wir nicht wählerisch sein können, denn es gibt hier wenig freie Fläche. Wir haben die Blicke überall, hinter Baumgruppen, Felsformationen, am Flusslauf in der Ferne. Auch wenn wir uns gut unterhalten, sind wir jede Sekunde im Alarmzustand. Auch wenn wir diesen Trip genießen, halten wir uns für die Bedrohung bereit. Sie könnte jederzeit auf uns zustürmen.

Wird es brenzlig, dann meistens richtig. Wer so tief vordringt wie wir, sollte sich nicht entspannen. Lässt eines der mächtigsten Tiere der Welt dich dann doch in Frieden ziehen, weißt du, dass schon eine Ecke weiter die nächste Bedrohung lauern kann. Dass du dir keine Fehler erlauben darfst. Du weißt, dass es um alles geht, mit jedem Schritt. Was für ein Gefühl! Wenn ich es empfinde, dann weiß ich, dass ich noch lebe, dass dieses Leben mir viel zu bieten hat. Ich genieße es mit jedem weiteren Schritt durch die Gefahr.

Es ist erst der fünfte Tag einer Mission, die ich mit Fabio Schäfer zusammen unternehme. Wir haben uns aussetzen lassen im hohen Nordwesten Kanadas. Seit Tagen schlagen wir uns jetzt durch die Landschaft, eine wunderschöne Wildnis, durch das Gebirge, durch Wälder, Gebüsch, Wiesen und Gewässer. Es fühlt sich an wie das Paradies, und wir sind gerade erst angekommen. Nur ein paar Tage – für Fabio und mich ist das keine lange Zeit fernab der Zivilisation, ohne andere Menschen, Straßenverkehr oder WhatsApp-Chats. Wir sind immer noch dabei anzukommen, auf unserem Weg durch die Einsamkeit Kanadas und zu uns selbst. Wir drehen eine Doku für unsere YouTube-Kanäle, aber das ist nur das zweite Ziel. An erster Stelle steht das Leben, das Erleben.

Manchmal erschließt sich das erst Momente oder Tage später. Als wir unser Lager am Mittag des fünften Tages abbauen wollen, sehen wir den ersten Bären in der freien Wildbahn. Nach dieser Sichtung eines derart imposanten Tieres, das aber abgedreht hat, laufen wir hinunter in das Flusstal. Es bietet einige Vorteile, zwar anders als in den Feldern von Neuss, wo der Blick minutenlang auf die eigenen Füße gerichtet sein kann oder ziellos durch die Gegend schweift, aber hier unten auf dem Schotter haben wir mehr Übersicht als im Gestrüpp. Wir plaudern noch und überlegen, wie wir reagieren sollen, wenn noch ein weiterer Prädator auftaucht. Gleichzeitig schaue ich konzentriert nach vorn, rechts, links … und sehe schon den nächsten Bären. Es gibt hier keinen Graben, Zaun oder Gehege, wir sind im selben Gelände. Vorbereiten kann man sich auf alles, aber wenn es so weit ist, zählt jedes Detail. Die äußeren Umstände und die innere Einstellung.

Der erste Bär, der plötzlich vor uns erscheint, ist gewaltig, deutlich größer als Fabio und ich. Es ist reiner Zufall, dass ich genau in diesem Moment in die Richtung blicke, aus der der Bär sich nähert. Das monströse Tier ist vielleicht 100 Meter von uns entfernt. Ich warne Fabio mit einem Zeichen, wir bleiben stehen, sind ganz ruhig, checken die Lage. Was ist mit der Luftmasse zwischen dem Bären und uns, was mit den Geräuschen? Er kann deutlich besser riechen als wir, und wenn er unsere Körper wahrnimmt, den ungewohnten Geruch dieser beiden Menschen, dann ist alles möglich. Ich ordne die Lage ein, wie ich es gelernt habe, blitzschnell, prüfe das Gelände, die Luft. Wir halten unsere Schusswaffen bereit. Wenn der Bär uns als Beute sähe, dann wären wir in Lebensgefahr. Mit den Krallen seiner Tatzen, seiner Kraft, seinen Zähnen würde er uns töten, vielleicht sogar fressen.

Ein Projekt, wie Fabio und ich es im August 2023 unternehmen, erfordert die maximale Vorbereitung. Am Anfang steht eine spontane Idee, geboren irgendwann im vorherigen Winter, in einem Gespräch, wie wir es so häufig führen. Als Outdoor-Influencer haben wir uns nicht nur kennengelernt, sondern kommen richtig gut miteinander klar. Das ermöglicht uns, größere Dinge gemeinsam anzugehen. Mit einer Idee ist es eben alles andere als getan. Aus der Begeisterung für ein gemeinsames Projekt wird in unserer Welt ein echtes, aufwendiges, enorm detailreiches Vorhaben, an dem wir mit der Hilfe vieler anderer Menschen über Monate gearbeitet haben. Die Idee, die uns beide überzeugt, stammt aus meiner Kindheit. Seit jeher fasziniert mich die nordamerikanische Wildnis, das Territorium, in dem kaum Menschen siedeln, dafür aber erhabene Natur und große Wildtiere noch wie seit Jahrtausenden existieren. Es ist die Welt meiner Kindheitsfantasien, der Abenteuergeschichten und Lederstrumpf-Romane, wo nordamerikanische Ureinwohner das Land und die Lebewesen um sich herum verstehen und sich in ihr mit dem Wissen ihrer Vorfahren bewegen.

Unsere Idee war ganz einfach: Wir schlagen uns durch ein Gelände, in dem es keine Zivilisation gibt. Daraus wird, nach etwas mehr Vorarbeit, das konkrete Projekt. Fabio und ich haben vor, innerhalb von 30 Tagen eine Strecke von 300 Kilometern Länge zurückzulegen, von der Quelle des North Nahanni River bis zum mächtigen MacKenzie River. Pures Kanada, wie aus dem Traum. Wir lassen uns mit einem Helikopter in den Bergen des Bundesstaats Northwest Territories aussetzen, den MacKenzie Mountains, an einem vorab definierten Drop-off-Punkt. Einen Zielpunkt haben wir ebenfalls schon festgelegt, wo wir hoffentlich auch wieder ein Signal an den Helikopter absenden können. In der Zwischenzeit sind wir vollständig auf uns gestellt. Wir haben prall gefüllte Rucksäcke dabei, aber Lebensmittel führen wir nicht mit. Das wäre zu einfach und gleichzeitig zu schwer, denn der Ballast würde unsere Schritte mühsamer machen. Nein, wir sind als Selbstversorger unterwegs. Wir werden von dem leben, was das Land uns gibt. Mit wenigen Ausnahmen: Ich habe Salz mit Knoblauch und Chili dabei, das braucht man auf solchen Touren gegen Muskelkrämpfe und zur allgemeinen Versorgung des Organismus, und eine Chili-Soße für unser Gegrilltes in der Wildnis, wenn wir Fische oder Vögel auf dem Feuer rösten.

Die erste Mahlzeit, die wir hier oben im Norden Kanadas zu uns nehmen, sind Beeren. An den Sträuchern in den McKenzie Mountains wachsen sie in allen Farben. Schnell haben wir uns in Jäger und Sammler verwandelt, die ihre Körpersignale nicht ignorieren können. Wir essen, was die Natur uns anbietet, und müssen gleichzeitig auf der Hut sein. Überall könnte ein Tier lauern, das für uns zur Gefahr wird. Vorab habe ich viel mit den Leuten gesprochen, die sich hier auskennen. Ich habe Bekannte, denen hier Land gehört. Sie berichteten mir, dass die meisten wilden Tiere hier noch nie auf Menschen getroffen sind, sie also nicht wissen, wie sie mit uns umzugehen haben. Das haben wir im Hinterkopf, seit der Helikopter weggeflogen ist.

Wenn ich jetzt darüber nachdenke, fällt mir etwas auf. In dem Monat, den wir in der Wildnis verbracht haben, sind wir auf viele große oder gefährliche Tiere gestoßen. Immer hatte ich, wie aus einem Gefühl heraus, diese Ahnung, wo ich hinschauen musste. Woher diese Intuition kommt, kann ich nicht sagen, aber vielleicht hat es etwas damit zu tun, wie sehr man sich auf etwas einlässt. Wie sehr man in seinem Projekt steckt. Wie klar man in einer Lage ist. Ich ging voll und ganz in diesem Projekt auf, genau wie Fabio. Topfit, bestens vorbereitet, entschlossen und begeistert. Das erste Tier, das ich erblickte, war gleich am ersten Tag ein Karibu. Diese nordamerikanischen Rentiere sind kein bisschen gefährlich für uns Menschen, solange wir sie nicht mit dem Auto erwischen. Dennoch hat mich dieser Blick tief gefangen. Am vierten Tag unserer Abenteuerreise befanden wir uns in einer Steppe, eingehegt zwischen hohen Bergen, den Blick auf Büsche. Unter uns, vielleicht einen Fußballschuss entfernt, sah ich ganz deutlich nicht nur einen Wolf, sondern gleich ein ganzes Rudel. Zuvor hatte ich dieses Gefühl, dass da irgendwas ist, dass irgendetwas in meine Richtung schaut. Das Klingt diffus und ich kann es nicht belegen, aber dieses Gespür kann man haben und in diesen Fällen war es richtig.

Ich war vorbereitet darauf, wilde Tiere zu treffen. Aber ich war auch vorbereitet darauf, dass man eben nicht alles vorbereiten kann. Die Menschen, mit denen ich in den Monaten zuvor gesprochen hatte, hatten mir eines eingebläut. Es gibt hier oben im Norden Kanadas kaum Bewohner, riesige Flächen und deshalb auch eine Fauna, die mit dem Homo sapiens nichts anfangen kann. Den Tieren fehlt die Erfahrung im Umgang mit uns, und damit würde jeder Kontakt, den Fabio und ich erwarteten, so etwas wie ein Blind Date sein. Beide Seiten würden spontan reagieren müssen. Wie es ihre Natur vorgibt oder, in unserem Fall, unser Instinkt gepaart mit unserem Training und unserem Wissen.

Die Wölfe jedenfalls hatten kein Interesse an uns. Sie kamen uns nah, aber es wirkte, als wären sie in einer anderen Sphäre, wie durch eine Glasscheibe von uns getrennt. Sie zogen durch das Gestrüpp und über die Fläche, wir schauten ihnen nach. Das war auch so zu erwarten gewesen. Doch ein anderes Tier, auf das uns alle Gesprächspartner vorbereitet hatten, musste hier auch irgendwo sein. Der Grizzlybär-Bär, so die Kanadier, die hier enormen Landbesitz haben, ist mächtig und unberechenbar. Er wird genauso von uns überrascht sein wie wir von ihm.

Der erste Bär, den wir trafen, ein gewaltiger Grizzly, war enorm groß. Er wirkte behäbig. Man konnte erkennen, dass er schon viele Jahre Erfahrung gesammelt hatte, er bewegte sich langsam und zeigte sich aufmerksam für alles, was um ihn herum passierte. Er war 100 Meter von uns entfernt. Wir hatten ihn längst im Blick, als er auch uns wahrnahm. Wir entschieden uns dafür, stehen zu bleiben und abzuwarten. Es war nur eine Frage von Augenblicken, bis der Bär uns riechen und dann abchecken würde. Bären haben enorm gute Nasen, kein Mensch kommt da ran, und ganz sicher keiner wie wir, der in der Stadt lebt und den Alltag der Zivilisation nur für einige Wochen verlässt.

Als er uns wahrgenommen hatte, rannte der große Bär einen Hang hinauf. Erst dort blieb er stehen, richtete sich auf, sah in unsere Richtung. Bemerkte er uns? Er schaute rüber, aufgerichtet auf den Hinterbeinen. Was für eine Erscheinung! Man weiß nicht, was in Tieren vor sich geht, aber wenn ich an diese Momente denke, dann sah es für mich so aus: Der erfahrene Bär kannte diese Kreaturen vor ihm nicht, wir waren eher eine Bedrohung als ein Jagdobjekt für ihn, und so sah er uns nur an und entschied sich gegen uns. Irgendwas in ihm brachte ihn zum Abdrehen, er wandte sich um, trottete zur nächsten Ecke und dann den Berghang hinauf. Immer wieder warf er einen Blick zu uns zurück, bis er schließlich verschwand. Wir aber hatten eindrucksvoll erlebt, was uns immer wieder drohen würde. In den Bergen Kanadas gibt es Tausende Bären, 4000 bis 5000 schätzen die zuständigen Behörden für die Northwest Territories, und die Gegend in den McKenzie Mountains hat die höchste Konzentration. Menschen wohnen hier ganz im Norden fast keine, die Hälfte der gut 40 000 Einwohner dieses Staats leben in der Hauptstadt Yellowknife. Es ist bei Weitem keine Übertreibung zu sagen, dass man am North Nahanni River eher mit einem Bären als mit einem Menschen rechnen muss.

Trotzdem stellt sich für einen kurzen Moment eine Art Sicherheit ein. Der erste Bär ist wieder weg. Auch wenn er sich noch drei-, vier- oder fünfmal umgesehen hatte – nun ist er fort. Und wir noch voller Adrenalin und im Rausch, das Erlebte zu begreifen. Was nicht heißt, dass wir stehen bleiben und eine Rast machen. Wir haben unser Ziel vor Augen und folgen weiter unserem Weg. Wir wissen, wie viele Bären hier leben. Wir wurden gewarnt. Dass uns noch einer begegnen würde, erscheint uns für den Moment trotzdem unwahrscheinlich. Und so steigen wir runter ins Flussbett, auch um dem großen Bären zu entgehen. Und als wir gerade unten sind, sehe ich wieder einen. Den zweiten an diesem Tag, etwa 200 Meter vor uns, auf einem Hügel. Dieser Grizzly ist kleiner als der erste, aber er wirkt auch dynamischer und, das ist klar, als ich ihn sehe, scheint uns direkt wahrzunehmen. 200 Meter klingt nicht wenig. Immerhin zwei Fußballplätze aneinandergereiht. Vielleicht kamen einem früher schon 100 Meter beim Sprint in der Schule sehr lang vor. Aber wenn man einen Grizzly vor sich hat, sind 200 Meter das Mindeste, was man braucht, um zu reagieren.

Dieser Bär wittert uns, er peilt uns an, dann rennt er los. In einem solchen Moment gibt es nur eine Option, alle anderen Alternativen kommen nicht mehr in Betracht, sobald man sich entschieden hat. Fabio und ich beschließen, den Bären abzuwehren und unsere Position zu halten. Es gibt hier keinen Rückzug mehr, nur noch ein Sichern der eigenen Position. Wir greifen unsere Gewehre. Ich habe eine Büchse mit Kaliber 30-06, Fabio eine Flinte mit Laufgeschossen. Der Grizzly hat schon fast die Hälfte des Weges geschafft. Schaut man sich Videos von attackierenden oder rennenden Bären im Internet an, bekommt man ein Gefühl dafür, welche Wucht und welche Geschwindigkeit sich hier zusammentun. Der Bär hat nichts Putziges, Kuscheliges. Was da auf uns zuhält, ist ein mit Klauen bewaffneter Koloss. Man soll brüllen, haben wir vorher gelernt, sich bemerkbar machen, damit im Kopf des Bären etwas passiert. Doch dieser Grizzly, wahrscheinlich ein pubertierendes Männchen, stürmt auf uns zu. Gut und gern 50 Stundenkilometer können diese Tiere rennen. Eng am Tempolimit einer städtischen Hauptstraße hält der Bär auf uns zu und uns bleibt jetzt nur noch ein Mittel: die Waffen in unseren Händen. Ich habe längst das Gewehr angelegt und gebe einen Warnschuss ab. Dabei ziele ich nah an den Körper des Tiers. Weil sich an dessen Bewegung nichts ändert, repetiere ich das Gewehr und setze zum zweiten Schuss an.

Ich bin heilfroh, dass wir uns im Vorfeld unserer Reise gegen das Mitführen von Bärenspray und für den konventionellen Weg, das Tragen scharfer Waffen, entschieden haben. Bärenspray ist eine Art Reizgas, das die Tiere in die Flucht schlägt. Das scheint tierfreundlicher zu sein, hat aber einen großen Haken. Je nach Windstand kann es passieren, dass der Bär weniger abbekommt als der Mensch, der sich zur Wehr setzt. Denn das Spray lässt sich erst nutzen, wenn das Tier schon zwei, drei Meter nah ist. Dann steht dort aber kein Mensch vor einem, sondern eine wilde Kreatur, vollgepackt mit Muskeln und ohne Gewissen. In solch einem Moment käme mir eine Dose mit Spray nicht besonders geeignet vor. Wir wussten, dass die Bären in den Northwestern Territories relativ sicher noch nie Kontakt zu Menschen hatten. Deshalb empfahlen uns auch die kanadischen Gesprächspartner, auf Nummer sicher zu gehen. Und das war schon gefährlich genug.

Die Szene mit dem zweiten Bären werde ich später einem befreundeten Tierfilmer und Wildfotografen zeigen, der solche Situationen einschätzen kann. Sein Urteil: »Du hattest noch zwei Sekunden, Otto.« Doch brauchten wir eben keinen weiteren Schuss, denn einen Warnschuss gibt man nicht in die Luft ab, sondern gleich in die Nähe des Ziels. Der Bär hört den Schall des Gewehrs, nimmt im besten Fall aber auch wahr, dass etwas übernatürlich Schnelles direkt an seinem Körper vorbeisaust, dass in der Luft etwas schwingt und rauscht. Er spürt, dass er in Gefahr ist und dass die Gefahr von dort kommt, wo er gerade hinrennt. Davon abgesehen könnte man sich, selbst wenn man wollte, gar nicht erlauben, bloß in die Luft zu zielen, weil man für den letzten, womöglich nötigen Rettungsschuss auf das Tier das Ziel dauerhaft im Visier halten muss. Es ist schwierig genug, ein wildes Tier tödlich zu treffen. Da bleibt keine Zeit, in der Aktion noch die Waffe neu auszurichten.

Der Bär bremst ab. Ein eigenartiger Augenblick. Das junge Tier bleibt stehen. Ich könnte jetzt noch einen Warnschuss abgeben, ziele also weiter neben den Kopf. Ich schaue zu Fabio, dann nach vorn und sehe den Bären von uns aus nach rechts abdrehen, wo ein Karibu davonrennt. Mein Gefühl in diesem Moment: Der Bär hatte es wohl doch nicht auf uns abgesehen, sondern auf das Beutetier. Nun können wir beide Tiere nicht länger erkennen, zu wenig freie Sicht bleibt zwischen Flussbett und Büschen. Wir zittern beide, gewinnen aber Handlungsmacht zurück.

Diese Momente sind für mich nicht mehr mit einem Zeitgefühl verbunden, sondern vielmehr eine existenzielle Erfahrung zwischen Leben und Tod. Der Bär tritt wieder in unser Blickfeld, stoppt, schaut uns an, versucht, die Sache zu sortieren. Wir organisieren uns und entfernen uns sachte zur Seite, um dem Tier nicht den Rücken zuzukehren und einen zweiten Angriff zu riskieren.

***

War es in Ordnung, eine scharfe Waffe auf einen Bären zu richten und im Zweifelsfall sogar seinen Tod hinzunehmen, um unser Leben zu schützen? Diese Frage stellten wir uns natürlich. Auf der einen Seite hatte uns niemand hierhin eingeladen, wir waren aus freien Stücken vor Ort und griffen somit in eine Natur ein, die uns eigentlich fremd ist. Müssten wir uns ihr dann nicht unterordnen? Auf der anderen Seite reden wir von zwei jungen Familienvätern, die ihr Leben bewahren müssen. Wir sind Teil der Nahrungskette, aber eben auch mit unseren eigenen Mitteln bewaffnet und haben die überlegene Technik. Für uns steht fest, dass wir dieses Mittel nutzen dürfen. Dass wir ein wildes Tier töten würden, um unser Leben zu retten.

Ich bin ein großer Bewunderer der alten Abenteuer-Geschichten. Der Bücher, die unsere Vorfahren verschlangen, bevor es Streaming gab. Sie haben mich geprägt. Den faszinierenden Film *The Revenant*, in dem Leonardo DiCaprio es im Nahkampf mit einem Bären aufnimmt und gewinnt, habe ich natürlich auch gesehen. Faszinierender Stoff, der mit der Realität des Überlebens in der Wildnis nichts zu tun hat. Wenn ich mein Leben schützen kann, nutze ich das geeignete Mittel – wohl wissend, dass ich auch die Geschöpfe um mich herum schonen sollte. Auf der anderen Seite hat dieser Moment, diese Begegnung mit den Grizzlys, mich noch einmal von Neuem für die amerikanischen Ureinwohner begeistert, die früher durch diese Gebiete zogen und es ohne Schusswaffen mit den Tieren aufnehmen mussten. Sie hatten keine andere Wahl, als ihre Stimme zu wählen, ihre Erfahrung, ihre Sinne und selbst gebastelte Waffen. Diese Bewunderung ist tief in mir verankert, auch wenn das nicht mehr zeitgemäß erscheinen mag. Die Grizzly-Zähne, die besonders mutige Vertreter dieser Völker an Ketten um den Hals baumeln hatten, waren ein Zeichen echten Muts und eines bestandenen Kampfs um Leben und Tod. Das sind die Bilder, die mich seit der Kindheit prägen und an die ich auch hier denken musste, im menschenverlassenen Norden Kanadas.

* * *

Wir waren fast zwei Wochen unterwegs am North Nahanni River. Große Strapazen, natürlich, aber kein Moment zu viel. Von Moment zu Moment wuchsen Fabio und ich mit der Aufgabe. Wir schärften unsere Sinne, wir schlugen uns durch und lebten in dieser Zeit wie Jäger und Sammler, die mit sehr viel High Tech ihr Leben getunt haben. Wie bei einem solchen Abenteuer die Zeit vergeht, lässt sich im Alltag nicht nachvollziehen. Die Tage sind gefüllt mit Action, man handelt die ganze Zeit, und dennoch ist dieses Weitermachen und Auf-der-Hut-Sein niemals stressig, niemals zu viel für uns. Wir beobachten die Umgebung, wir jagen und fangen Fische, wir machen Feuer, wo es geht. Wir reden viel, und zwar wirklich tief bis ins Eingemachte. Da ist nichts, was uns ablenkt, und als Menschen passen wir sehr gut zusammen. Unsere Gespräche drehen sich um die großen Fragen des Lebens und sind völlig ehrlich. Gleichzeitig schauen wir dauerhaft umher. Wo lauert Gefahr? Wo ist ein passabler Weg? Eine Erfahrung, die ich nicht missen möchte. Natürlich sehne ich mich nach meiner Frau, nach meinem Sohn, auch nach etwas Leckerem zu essen, das ich nicht selbst erlegen muss. Doch hier draußen bin ich genau da, wo ich schon immer sein wollte. In der Wildnis, voll und ganz für mich selbst verantwortlich. Es ist schön.

Klar hat solch ein Abenteuer einen großen Wert für mich. Dennoch muss ich anerkennen, dass es auch kritisiert werden kann. Warum muss jemand aus Deutschland nach Kanada jetten und dann noch mit dem Helikopter weiterreisen, der in seiner Heimat alles hat? Eine erfolgreiche Firma, genug zu essen, eine liebevolle Familie. Bringen wir uns nicht mutwillig in Lebensgefahr? Solche Gegenargumente lassen sich gut vertreten, nicht zuletzt aus Klimaschutzgründen, und das nehme ich ernst. Wie ernst, skizziere ich im letzten Kapitel. Und ich weiß auch, dass mich der Straßenverkehr im Rheinland statistisch gesehen stärker gefährdet als die Grizzlys in Kanada. Aber klar, man kann sich immer fragen: Was soll das?

Für uns gibt es allerdings keine Zweifel, weder während unserer kräftezehrenden und zugleich enorm eindrucksvollen Expedition noch danach. Als wir am Ziel an einem See mit der GPS-Uhr das Signal zum Abholen an den Helikopter senden, sind wir glücklich, dass wir es lebendig und heil an diesen Ort geschafft haben. Um uns herum entfaltet sich ein Paradies, ein ruhiges Gewässer, eingerahmt von Nadelbäumen, Büschen und Moos. Wir sind erschöpft, völlig fertig und zugleich von den Erlebnissen erfüllt.

Ein Sprichwort der Native Americans habe ich immer wieder im Kopf. »Ein Baum, der nicht mehr wächst, stirbt.«

Diese Botschaft ist in meinem Leben bedeutsam. Ich möchte immer weiterwachsen und rate allen anderen Menschen ebenfalls, persönliches Wachstum zu suchen. Wie viele Leute um mich herum reden darüber, dass sie nur noch eine gewisse Anzahl an Jahren bis zur Rente haben? Und was, frage ich mich, passiert danach? Sterben sie dann einfach? Sind sie schon vorher in einem Ruhestand, in dem sich nichts mehr entwickelt? Ein Projekt, wie Fabio und ich es in Kanada gemacht haben, ist das pure Leben und das pure Wachstum – und ich hoffe, dass wir damit auch unsere Zuschauer begeistern können. Niemand muss sich einem Grizzly aussetzen, nicht einmal eine Woche im Wald muss irgendjemand durchhalten, aber neue Ziele sollten wir uns ständig setzen. Wege zu finden, wo es noch keine gibt, darum ging es uns in Kanada. Und das lässt sich auch in anderen Bereichen des Lebens machen. Ich bin der Meinung, dass wir uns alle regelmäßig aus der Komfortzone begeben sollten. Wenn wir neue Erfahrungen suchen, wenn wir Dinge ausprobieren, dürfen wir es uns so schwer wie möglich machen. Nur so lernen wir wirklich etwas dazu, entwickeln aber vor allem große Resilienz – die Fähigkeit, mit Widerständen stabil klarzukommen. In meiner Bundeswehr-Zeit haben wir das auf die Spitze getrieben mit dem Motto: Trainiere so hart, dass sich der Ernstfall entspannt anfühlt.

Wer sich auf diese Weise fordert, wird wachsen. Wer sich einem Grizzly gegenübergesehen hat, wird daran größer, sicherer und auch ein bisschen gelassener im Umgang mit Gefahr, jedoch niemals lebensmüde oder nachlässig. Wer sich einen großen Gegner sucht oder unbekannte Aufgaben meistert, wächst. Mit unserer kanadischen Mission haben wir uns richtig etwas vorgenommen. Auch wir, zwei gestandene Überlebenskünstler und Athleten, sind von dieser neuen Aufgabe überwältigt. Als wir im Helikopter zurück in die Zivilisation fliegen und einen Porridge angeboten bekommen, sind wir bereits enorm gewachsen. Ein Gefühl wie damals, als ich als Kind rief: »Papa, ich kann jetzt schwimmen!« Das habe ich Fabios und meiner Reise zu den Bären zu verdanken.

Eine Hausgeburt überm Pferdestall

Wenn ich an die Kindheit denke, sehe ich starke Bilder. Ich sehe Bretter, die ich in einen Baum manövriere, ich klettere auf die höchsten Bäume der Gegend, ich stelle Fallen und überhöre die Rufe meiner Mutter, weil ich noch nicht zum Abendessen will. Ich schmökere in Büchern, die selbst damals schon zu den alten Schinken gehörten. Ich bin draußen und bei Tieren. Katzen, Hunde, Fische, sogar Schlangen – diese lebhaften Kreaturen kommen mir in den Sinn, wenn ich mich daran erinnere, wie ich aufgewachsen bin. Outdoor, das war schon immer mein Ding – auch wenn ich damals noch nicht wusste, dass es dieses Wort überhaupt gibt. Ich war noch nicht »bulletproof«, aber auf mich allein gestellt das Leben erfahren, mich durchschlagen, das wollte ich schon immer.

Ich bin das älteste von fünf Geschwistern und so ganz anders als die anderen vier. Ich war immer schon der Junge, der sich draußen herumschlug, der das Abenteuer lebte, und das ist bis heute so geblieben. Ich glaube, es sagt eine Menge über meine Familie aus, wenn ich erzähle, was meine kleineren Geschwister heute machen. Mein zwei Jahre jüngerer Bruder lebt in Wien in einem katholischen Orden und spricht mehrere Sprachen fließend. Während ich draußen herumwanderte, war er im Internat. Danach kam eine Schwester, sie ist inzwischen Lehrerin, war auch mal als Deutschlehrerin in Russland unterwegs und unterrichtet heute Gefängnisinsassen. Meine zweite Schwester lebt ebenfalls in Wien, sie ist Akademikerin und arbeitet dort in einem Museum, nebenher promoviert sie. Und dann ist da noch mein jüngster Bruder, der sich zum Physiotherapeuten hat ausbilden lassen und mit dem Gedanken spielt, nach Norwegen auszuwandern. Als Einziger wie ich ohne Studium, der ich mich früh gegen die Schule entschied, gegen die Uni, gegen die Theorie. Die Vielfalt, die meine Familie hervorgebracht hat, sagt etwas aus über die Möglichkeiten, die wir von unseren Eltern bekommen haben. Sie haben mich immer machen lassen, mir Vertrauen geschenkt, Zutrauen und Unterstützung – und das gilt genauso für meine vier kleineren Geschwister. Ich hatte immer Platz für mich und meine Erfahrungen, die ich gern draußen sammelte. Hier konnten wir wachsen.

Geboren wurde ich über einem Pferdestall, aufgewachsen bin ich auf Gehöften und Bauernhöfen, gelernt habe ich später in der Landwirtschaft und gespielt zwischen Hügeln, Wiesen und Weihern.

Das mit der Geburt über dem Pferdestall ist kein Bild und kein Symbol, es war wirklich so. Meine Eltern, beide passionierte Reiter, lebten damals in einer Studentenwohnung, die direkt auf einem Reiterhof lag. Sie hatten die Wohnung während des Studiums im Gegenzug dafür bekommen, dass sie Reitunterricht gaben. Kennengelernt haben meine Eltern sich während des Studiums in Gießen. Mein Vater war als Halbwaise in Dortmund aufgewachsen, er hat früh das Reiten gelernt und war, so hat er es mir erzählt, in den Sechzigern mit einem Pferd wild in Dortmund unterwegs. Er ritt zwischen den Ruinen des Zweiten Weltkriegs umher. Heute scheint das unvorstellbar, aber es ist ein Einfluss, den ich in mir trage. Später ging er zum Bund und war solch ein guter Reiter, dass er in die Sportförderkompanie kam und in Warendorf als Military-Reiter stationiert wurde. Danach zog er für das Studium der Mineralogie ins hessische Gießen und fand dort mit meiner Mutter eine ebenso begeisterte Reiterin. Sie studierte Tiermedizin, ein Beruf, den sie später immer in meiner unmittelbaren Nähe ausübte. All das trage ich in mir – und die Tatsache, dass man zugleich ein konservatives und auch ein sehr freies Elternhaus haben kann. Dass klassische Werte zählen, aber keine Verbote herrschen müssen. Dass Wege offenstehen, auch wenn die Eltern manch Neues nicht in ihrem Leben haben möchten. Wir hatten nie Computerspiele, ich besaß keinen Game Boy und der Fernseher lief nur ganz selten. Es hat mir nicht gefehlt. Unabgelenkt blieb mir Raum, um zu entdecken, was mein Weg sein sollte.

***

Ich sehe die Bäume vor mir, nicht weit weg von dem Hof, auf dem wir damals lebten. Wir waren umgezogen, als ich noch ganz klein war. Inzwischen, in meiner Grundschulzeit und zu Beginn des Gymnasiums, wohnten wir auf einem stattlichen Hof im Rheinland. Die Gegend nordwestlich von Köln ist sehr fruchtbar, seit Jahrhunderten beackern die Bauern hier eine reiche Erde, und entsprechend prächtig sehen die Höfe auch aus. Unser Zuhause war ein Vierkanthof in der Nähe von Bedburg, ein Ort nahe der niederländischen Grenze. Meine Mutter betrieb auf dem Hof ihre Tierarztpraxis, aber nicht nur ihre Patienten belebten das Gelände, sondern auch viele Tiere, die zum Bauernhof gehörten. Wir hatten Pferde, Hühner, Hunde und Katzen und ich somit den direkten Zugang zu einer Umgebung, die mir alles bot, was ich damals haben wollte. Eine große Spielwiese. Dies ist, was mir im Leben wirklich Neues vermittelt. Wo ich etwas lerne, was mich weiterbringt.

Die Erinnerung, die mich aus jener Zeit am meisten geprägt hat, ist der Eindruck, den große, mächtige Bäume auf mich machten. Auf unserem Grundstück, nicht weit von dem Backsteinhof entfernt, stand eine riesige Eiche. Mit meinem Freund von damals kletterte ich gern und dieser eine Baum war besonders anziehend, sicher 20 Meter hoch. Zu Weihnachten hatte mir mein Vater ein Kletterseil geschenkt, das wir nutzten, um zu erkunden, wie hoch und weit wir kamen. Aus heutiger Sicht bemerkenswert, welche Freiheit und welches Vertrauen meine Eltern mir schenkten, damit ich mich ohne ängstliche Blicke austoben konnte. Bei anderen Kindern habe ich das oft ganz anders erlebt und weiß auch, wie die Zeiten sich seither geändert haben. Ich finde das schade. Meine Eltern haben mich nicht mit Angst erzogen, sondern zunächst einmal das Mögliche gesehen, die Welt und das Gute, was sie bietet. Sie haben mich machen lassen, ohne mich zu bevormunden.

Auf solch einen Baum zu klettern, das war eine großartige Aufgabe für mich. Man muss Wege hinauf finden, man muss einschätzen lernen, welche Äste einen halten. Man hat es mit Höhen zu tun, mit dem Risiko und der Lust, es ganz nach oben zu schaffen. Ich erinnere mich noch genau, wie es war, als wir in der Krone der Eiche angekommen waren. Von dort oben konnte ich die nächste Ortschaft sehen und die Felder, die an unseren Hof angrenzten. Die Krone war höher als der Giebel unserer Scheune, das ganze flache grüne Land im Westen lag vor mir. Der Blick in die Ferne, aus eigener Kraft und eigenem Geschick erreicht – das hat etwas mit mir gemacht. Das waren die Dinge, für die ich damals lebte. Eine Welt, aus der ich mich nicht verabschieden wollte. Meine Mutter verlangte von mir, um sieben zum Abendessen zu Hause zu sein. Ich trug immer eine Armbanduhr und wusste, wie spät es war, hielt mich aber nicht an die Ansage, weil ich diese Umgebung nicht verlassen wollte. Eigentlich war ich immer zu spät am Essenstisch. Es gab auch mal Schimpfe. Aber das war mir egal.

Ich bin also einerseits konservativ groß geworden, andererseits auch immer ein bisschen rebellisch, und meine Eltern mochten das so, haben es auch vorgelebt. Sie führten kein bürgerliches Leben, sondern ein eigenständiges. Wenn die Mutter Tierärztin ist, belebt das die Fantasie. Ich erfreute mich nicht nur an Haustieren, ich ließ mich richtig auf sie ein. Ich kümmerte mich um die Katze, die einen Unfall gerade so überlebt hatte. Ich war verantwortlich für das Wohl von Tauben, die in unserer Praxis abgegeben worden waren, und später wollte ich auch Bienen haben. Meine Eltern fanden das nicht abwegig, im Gegenteil. Meine Mutter sagte nur: »Wenn du das wirklich willst, musst du erst einmal lernen, wie man mit Bienen richtig umgeht.« Also schickte sie mich zu einem Imker in der Nähe, den ich bei seiner Arbeit begleiten durfte und von dem ich mir abschaute, was er tat. Dazu verlangte meine Mutter von mir, dass ich ein Buch übers Halten von Bienen lesen sollte. Ich organisierte mir ein altes, gebrauchtes Exemplar, so dick wie die Bibel und voll mit Wissen. Ich saugte es auf. Dieses Buch besitze ich noch heute, denn aus ihm habe ich viel über die Natur gelernt und verinnerlicht. Die Bienen habe ich schließlich bekommen und betreute sie mehrere Jahre lang.

Es waren ohnehin Bücher, mit denen ich meine Fantasie belebte. Das ist schon erstaunlich. In einem Gespräch hat letztens jemand zu mir gesagt, dass ich ihm eigentlich vorkomme wie jemand, der dreißig oder mehr Jahre früher aufgewachsen ist. Wie einer, der heute längst Großvater sein müsste. Das stimmt tatsächlich. Ich habe als Junge und Jugendlicher ein Leben geführt, wie es eigentlich viel besser in die Nachkriegszeit gepasst hätte. Natürlich gab es längst Computerspiele und alle möglichen modernen Ablenkungen, aber ich griff mir die vergilbten Bücher, die sich bei uns auf dem Bauernhof fanden. Viele davon stammten noch aus der Kindheit meiner Eltern, waren 40, 50 Jahre alt. Dazu gehörten die Abenteuer von Karl May und natürlich die Klassiker der amerikanischen Abenteuerliteratur wie etwa die Lederstrumpf-Saga von James Fenimore Cooper. Das war altes Material, aber auf mich übte es eine unmittelbare Wirkung aus. Ich wollte auch dieses Abenteuergefühl in der Wildnis erleben, wollte selbst jagen, mich draußen bewähren.

Diesem Gefühl ging ich mit meinem damals besten Freund nach, als wir vor der großen Eiche standen und überlegten, wie wir noch einen Schritt weiter in das Abenteuer wagen konnten. Wir waren etwa elf Jahre alt und wollten eine eigene Bude bauen, eine Hütte in der Wildnis, das war unsere Idee. Nicht am Boden, sondern oben, versteckt im Baum. Wir hatten keinen Plan und auch keine Helfer. Wir organisierten uns alles, womit man bauen kann - Bretter, Nägel, Hammer. Wir banden uns an den Baum und kletterten mit dem Material hinauf bis auf etwa fünf Meter Höhe. Dort nutzten wir die kräftigen Äste der starken Eiche, um eine Plattform zu errichten. Natürlich war der Boden, den wir auf diese Weise schufen, alles andere als gerade. Aber wir nagelten die Bretter fest und fixierten sie, bis das Fundament für unser Haus im Baum sicher hielt. Es war ein Handwerk, das wir selbst erfanden, durch Versuch und Irrtum. Meine Eltern fanden gut, dass wir so etwas machten, und ich finde heute gut, dass sie uns diese Erfahrung machen ließen. Bei diesem Hausbau ist erstaunlicherweise nie etwas passiert, obwohl wir in der Höhe unterwegs waren. Wir bauten Außenwände und ein Dach. Bald hatten wir ein richtiges Baumhaus und einen Rückzugsort, wo wir auch Sachen versteckten, die wir woanders erbeuteten. Pflaumen und Walnüsse aus dem Nachbargarten, also nichts Wildes. Wir verbesserten den Mechanismus und konstruierten einen Flaschenzug, um weitere Lebensmittel nach oben zu bekommen.

Es fühlte sich wirklich so an, als wäre ich in den Büchern unterwegs, die ich so gern las. Wie in einem fernen Land, mag dieser Baum auch nicht weit weg vom Bauernhof meiner Eltern und dem Praxisbetrieb meiner Mutter gewesen sein. Ich war dort auf mich allein gestellt. Ich schuf, wie es in den Büchern stand, eine sichere Behausung für den einzelnen Menschen, der der Wildnis trotzt, der sich Schutz sucht vor der Natur, vor den wilden Tieren. Natürlich gab es kaum wilde Tiere in der niederrheinischen Kulturlandschaft, aber dafür hatte ich ja meine Fantasie. Immerhin liefen Fasane durch die flache Gegend. Als Abenteurer wollten wir diese natürlich fangen und erlegen. Ich hatte vom Fallenstellen gelesen und versuchte, das nachzumachen. Mit meinem Freund grub ich Löcher auf Wiesen, wir legten Zweige und Blätter darüber, überlegten, wie man die Fallen noch zwingender anlegen könnte. Doch nie fiel ein Fasan hinein. Dann bastelten wir uns eigene Jagdwaffen. Wir improvisierten mit dem vorhandenen Material unsere eigenen Pfeile und Bögen und gingen auf die Jagd nach den Vögeln. Keines unserer Ziele trafen wir, nie gelang es uns, ein Wildtier als Beute mitzunehmen. Zum Glück, kann ich heute sagen, denn anlassloses Töten von Tieren halte ich für eine unvertretbare Handlung. Aber klar, wir waren jung und mussten dieses Verständnis erst entwickeln. Damals, mit rund zwölf Jahren, habe ich mir um den Schutz dieser Tiere und um mögliche Strafmündigkeit gar keine Gedanken gemacht. Zum Glück haben wir uns diesen Ärger nicht eingehandelt.

Insgesamt habe ich das Gefühl, dass wir große Freiheiten genossen. Einmal kletterte ich auf dem Dachgiebel entlang, eine Mutprobe. Stück für Stück rutschte ich auf dem Hosenboden über den höchsten Punkt unseres Hofs auf die andere Seite. Eine alte Frau fuhr auf dem Fahrrad vorbei, eine Szene wie aus *Pippi Langstrumpf*, sie schaute hoch und wäre beinahe gestürzt. Anders als wahrscheinlich heute, rief sie die Polizei allerdings nicht. Ein anderes Mal kletterten wir in einen Baum, den wir nicht so gut kannten, und merkten, dass wir zwar hochkamen, runter allerdings nicht mehr. Die Äste, auf denen wir saßen, waren zu hoch zum Springen. Wir schrien und warteten. Irgendwann kam der Vater meines Freundes an den Baum und half uns mit ausgestreckten Armen wieder hinunter. Er schimpfte ein bisschen, aber verändert hat das nichts bei uns. Es war das Leben, das unsere Eltern uns führen ließen und das uns einiges ermöglicht hat. Ich bin mir sicher: Vieles meiner Einstellungen, meiner Fähigkeiten, meines Blicks für die Umwelt und meiner Zähigkeit habe ich damals, in der fantasiegeladenen Natur um unser Zuhause herum, schon gelernt. Es waren Wurzeln für ein Leben, wie es nur wenige führen. Ich bin dankbar dafür.

Auch in den Teenager-Jahren änderte sich wenig, außer dass die Fläche, auf der ich unterwegs war, deutlich größer wurde. Meine Eltern zogen ins Wildenburger Land auf die andere Rheinseite, dort hatten wir ein noch viel größeres

Areal, auf dem es alles gab: Wald, Wiesen, Wasser. Ich kümmerte mich um Bachläufe, die nicht mehr abflossen, legte Teiche an, holte mit meinem Vater bei einem Züchter kleine Forellen und zog sie dort draußen groß. Dort angelte ich, nahm die Fische aus und räucherte sie selbst.

***

Ich wollte lieber Fische fangen als das Abitur machen. Für mich war das eine klare Sache. Also war ich darauf aus, die Schule schon nach der 10. Klasse zu beenden. Das war mein Plan, das würde ich so durchziehen. Das älteste Kind aus einem Akademikerhaushalt, Sohn zweier promovierter Eltern, hielt nichts von der gymnasialen Oberstufe. Ich hatte mir selbst einen Weg gesucht, war zum Outdoor-Menschen geworden. Diese Entscheidung war ein wenig zum Leidwesen meiner Eltern, sie hatten schließlich selbst studiert und kannten die Vorzüge dieses Lebens. Neugierig und ein wenig skeptisch beobachteten sie, welchen Weg ich mir da vorstellte, fragten mich, was mit meiner Zukunft würde. Aber ich war klar in meiner Haltung. Ich wollte kein Studium absolvieren, sondern wirklich arbeiten und draußen sein. Das waren völlig unterschiedliche Ideen. Meine Eltern sprachen mit mir, sie nahmen mich ernst und sie behinderten mich nicht. Sie akzeptierten, dass mein Weg ein anderer sein würde. Einer, bei dem man mich beispielsweise mit Fischen bezahlte.

***

Mein Vater und ich fuhren durch die Gegend auf der Suche nach einem Betrieb, in dem ich ein Praktikum machen und ein Gespür für den Job entwickeln könnte, mit dem ich liebäugelte. Wir suchten einige Fischzuchtfirmen in der Umgebung auf. Das zeigt, wie sehr mich meine Eltern unterstützen, obwohl ich eine andere Karriere als sie anpeilte. Bei der Landesanstalt für Fischerei in Nordrhein-Westfalen durfte ich ein Praktikum machen, im Rahmen des Lachsprogramms 2000 sammelte ich erste Berufserfahrung in der Fischwirtschaft beim Aussetzen der Tiere in diversen Flüssen wie etwa der Sieg. Eine unmittelbar sinnvolle Tätigkeit. Wir konnten den Bestand der Fische wieder vergrößern und ich bin mir recht sicher, dass heute zumindest einige Nachfahren dieser Lachse durch die Region schwimmen. Ein Job wie für mich gemacht.

Einen Lehrbetrieb fand ich im hessischen Teil der Westerwälder Seenplatte. Dort, im rauen, wenig besiedelten Mittelgebirge, kam ich bei einem Familienbetrieb unter, geführt von einem Senior- und einem Juniorchef. Der Senior pflegte einen ruppigen Ton, er duzte mich zwar, machte aber vor allem sehr klare Ansagen. Herumstehen war hier nicht. Ich bezog ein Zimmer in einem Haus gleich neben den Teichen, in denen wir Karpfen, Hechte, Störe und viele andere Fische großzogen, bis unsere Kunden sie kauften. Meine Küche war auch die, in der tagsüber die anderen Mitarbeiter ihre Pause machten. In dieser Zeit war ich von morgens bis abends fast ohne Unterbrechung draußen unterwegs. Es war nahtlos, wie für mich geschaffen. Ich begann den Job, als ich 16 war, und er bot mir genau das, was ich schon zuvor als Lebenssinn gespürt hatte. Um das Geld ging es mir weniger, ich war mir sicher, dass ich später noch bessere Chancen bekommen würde. In der Landwirtschaft ist das Lehrlingsgehalt nicht gerade hoch, damals lag es im ersten Jahr bei 600, im dritten und letzten gerade mal bei 800 Mark. Ich habe dort gelernt, wie es ist, mit wenig Geld zurechtzukommen. Ich ging zum Discounter und kaufte das billigste Weißbrot, belegte es mit nahrhaften und erschwinglichen Waren wie Leberkäse. Gesund war das womöglich nicht, aber das kümmerte mich wenig. Allerdings war es auch so, dass ich mit meinem Leben zwischen Seen und Teichen einen sehr aktiven Lebensstil hatte.

Fischwirt ist ein Job, bei dem man sich pausenlos mit dem Wasser, dem Ufer und den Tieren beschäftigt. Auf der Westerwälder Seenplatte lassen sie winters das Wasser ab. Im Frühjahr war ich also damit befasst, den See wieder aufzustauen. Wir setzten kleine Fische aus, beispielsweise Karpfen, fuhren dann mit dem Boot über das Gewässer und verfütterten Weizen an die Tiere, die im See heranwuchsen. Im Herbst ließen wir das Wasser wieder ab und entnahmen die Fische, die darin groß geworden waren. Das war beeindruckend. Innerhalb einer solchen Saison kamen mehrere Tausend Zentner Fisch zusammen, die wir durch unsere Pflege erzeugt hatten. Nach dem Ablassen des Wassers kamen die Fische in eine vergitterte Anlage, aus der wir sie mit Köchern einsammelten, in einen Lastwagen verluden und lebend zu unserer Anlage transportierten, wo wir sie nach Arten getrennt in die Becken aussetzten. Eine harte körperliche Arbeit. Die Becken, in denen die Fische dann weiterlebten, waren 200 mal 30 Meter groß. Ich pflegte sie, schnitt das Gras am Rand, fütterte die Fische, schaute nach ihrer Gesundheit und entnahm die passenden Exemplare für die Kunden. Das waren oft andere Fischzüchter, Vereine, aber auch Behörden, die wiederum eine bestimmte Anzahl Zentner von uns kauften, um sie erneut auszusetzen. Hatten die Kunden ihre Bestellungen aufgegeben, ging ich mit den Netzen an die Becken und fischte die gewünschte Menge.

* * *

Wenn es um lebende Wesen geht und die Gesundheit natürlicher Ressourcen, muss die Arbeit erledigt werden - unabhängig von der Arbeitszeiterfassung. Das ist eine Mentalität, die mir sehr gut gefällt. Deswegen hat es mich auch nicht gestört, viel zu arbeiten. Die Tätigkeit für den Familienbetrieb war anstrengend und wie es in der Landwirtschaft nun einmal so ist: Sie wird in der Lehre schlecht bezahlt, aber die vorgegebenen Stunden lassen sich nicht einhalten. Natürlich fragte ich mich, wie ich für diesen Aufwand belohnt werden könnte. Geld verdienen wollte ich durchaus, das hatte ich auch vorher schon immer in den Ferien getan, etwa mit Hilfsarbeit in einem Maurerbetrieb. Ich wollte mir beispielsweise neue Messer kaufen, weil ich der festen Überzeugung war, dass ich solche Utensilien in meinem Outdoor-Leben brauchen würde.

Ich überlegte mir also eine Strategie, um den Chefs meines Ausbildungsbetriebs die Auszahlung der Überstunden schmackhaft zu machen. Mit Geld würde das nicht funktionieren, das war mir klar. Also regte ich an, für die mehr geleisteten Zeiten jeweils eine bestimmte Menge Fisch zu erhalten. Das fanden sie eine gute Idee. Aber was hätte es mir gebracht? Ich brauchte eine Möglichkeit, um aus den Fischen wieder Geld zu machen. So besuchte ich, wenn die Zeit es zuließ, Aquaristikfachgeschäfte in der Umgebung, tauschte mich mit den Besitzern aus und sammelte die Bestellungen auf Zetteln. Als ich dann am Wochenende zu meinen Eltern fuhr, transportierte ich im Auto die bestellten Fische in Plastiksäcken, brachte sie heil zu ihren neuen Besitzern und bekam dafür das vereinbarte Geld. Auch das waren keine großen Summen, aber es stellte eine Chance für mich dar, etwas zurückzulegen. Ich wurde in Fisch bezahlt und erhielt unterm Strich trotzdem Geld. Wenn man nicht an einem starren Schema festhält, bieten sich neue Wege und Möglichkeiten.

Schon in dieser Phase des Lebens sah ich die Chancen des Handels. Mit meinen Chefs hatten wir einen Gegenwert für die Überstunden fixiert und den wiederum gegen den Fisch gerechnet. Bei den Abnehmern, zu denen ich die Ware brachte, wollte ich so viel Gewinn wie möglich erwirtschaften. Dieser Gedanke würde sich später wiederholen, nicht umsonst bin ich erfolgreicher Handelsunternehmer geworden. Wenn eine Überstunde also zehn Mark wert war, versuchte ich, beim Fachhändler eine gesunde Marge herauszuschlagen. Es konnte passieren, dass ich die Barsche dann für das Zweieinhalbfache verkaufte, ein für mich damals sehr gutes Geschäft, das mich noch zusätzlich motivierte. Denn neben der Liebe zum Arbeiten unter freiem Himmel, zur Bewegung und zum Erkunden und Nutzen der Natur, war da sehr ausgeprägt diese geschäftige Art. Ich hatte Lust auf mehr Überstunden, ich motivierte mich mit meinen Deals dazu, noch länger zu arbeiten. Und ich schaffte es, mich auf angemessene Weise für die gute Arbeit zu belohnen, die ich für meinen Betrieb leistete.

Ich finde es einleuchtend, dass ich in jenen Jahren, beim Baumhausbauen, beim Streifen durch die Landschaft in der Umgebung unserer Höfe und später dann in der Lehre beim Fischzuchtbetrieb, sehr viel von dem gelernt habe, was mein Leben heute ausmacht. Ich habe auf eigenen Beinen gestanden, eigene Wege gewählt und Erfolg gehabt mit dem, was ich mir als Geschäft aussuchte. Ich bin froh, dass ich diese Zeit ausschöpfen konnte, wusste aber schon während der Lehre, dass es mit drei Jahren gut sein würde. Auf lange Sicht bot dieser Beruf keine Verdienst- und Aufstiegschancen. Und außerdem würde ich ja gerade erst volljährig, wenn ich die Lehre beendet hätte. Damals war die Wehrpflicht in Deutschland noch nicht ausgesetzt und so wusste ich, dass die Bundeswehr irgendwann anstand. Für mich keine Bedrohung, sondern eher eine Chance, die ich voll nutzen wollte.

Zwölf Jahre zum Bund: Wie ich meine Eltern vor vollendete Tatsachen stellte

Die Niederauerbach-Kaserne steht mit großen Gebäuderiegeln oben auf einem Hang. Hinter der dunkelbraunen, großblockigen Sandsteinmauer, die sie umschließt, erstreckt sich ein Komplex von fünfstöckigen weißen Gebäuden mit roten Schrägdächern, 1938 von der Wehrmacht in einer düsteren Episode der deutschen Geschichte eröffnet. Diese Kaserne beeindruckt, wenn man auf sie zukommt, sie liegt über dem gleichnamigen Ortsteil der rheinland-pfälzischen Stadt Zweibrücken. Hinter den Mauern befindet man sich in einer anderen Welt, der Welt des Militärs, der Hierarchie und der Ordnung. Nicht nur das: Es ist auch der Ort, an dem sich ab 1982 das Fallschirmjägerbataillon 263 der Bundeswehr befand, ein schlagkräftiger militärischer Verband mit etwa tausend Mitgliedern, die körperlich und geistig besonders belastbar sein mussten. Auf diese Welt ließ ich mich mit gerade mal 19 Jahren ein. Nicht nur für kurze Zeit, sondern für ein gutes Jahrzehnt, also zwölf Jahre. Das wusste ich in dem Moment, als ich in einem Bus der Bundeswehr durch die Schranke am Eingang des Geländes fuhr.

***

Es war ein Sprung, den ich da wagte. Vor ein paar Monaten hatte ich mich noch um Teiche gekümmert, hatte Fische gefüttert, gefangen und verkauft. Doch mir war klar, dass dieser Job keiner für die Zukunft sein würde, dass ich für ein vernünftiges Auskommen etwas anderes tun müsste, als in meinem Ausbildungsberuf weiterzuarbeiten. Genauso klar war mir, dass auch ein Zurück zur Schule, ein Abitur auf dem zweiten Bildungsweg oder eine Arbeit in einem Büro nichts für mich waren. Mich trieb die Faszination fürs Draußensein, fürs Abenteuer, fürs Überleben, die mich an diesen Ort im Südwesten Deutschlands und später auch in den Einsatz in Afghanistan brachte. Der Wunsch, ein Abenteuerleben zu führen, brachte mich in diese Kommandostruktur, denn das Dienen in der Armee bedeutete für mich Körperlichkeit, unmittelbare Wirkung, das Austesten von Grenzen und das Überleben unter schwierigen Bedingungen. Ich wusste, dass ich Sachen auch durchziehen kann, dass ich Vorschriften verstehe und Prüfungen bestehe. Die Schule war nie so mein Ding, da blieb ich immer mittelmäßig. Aber schon während der Schulzeit legte ich Zusatzprüfungen ab. Mit 14 machte ich den Angelschein und schon mit 15 hatte ich den Tauchschein in der Tasche, da an unserer Schule auch ein Tauchlehrer arbeitete und einen Lehrgang anbot. Ich habe als Einziger aus meiner Klasse den Versuch gewagt und bestanden. Das waren die Schritte, die Prüfungen, die mich am meisten reizten.

Dass ich zum Bund gehen müsste, war damals eine klare Sache. Ich bin Ende 1982 geboren und damit noch in einer Zeit groß geworden, als in der Bundesrepublik jeder Mann mit dem Eintritt in die Volljährigkeit auch zum Dienst in der Bundeswehr herangezogen wurde – solange er körperlich und psychisch dafür geeignet war und nicht den Militärdienst aus Gewissensgründen verweigerte. Diese Wehrpflicht, seit 2011 ausgesetzt, aber nicht abgeschafft, war jahrzehntelang ein Grundpfeiler unserer Demokratie. Ich fand sie richtig. Bis heute bin ich der Meinung, dass ein Dienst für die Allgemeinheit, zum Schutz des Friedens, Teil unserer Gesellschaft sein sollte. Damals habe ich das schon so gefühlt, heute sehe ich es noch klarer. Damit meine ich nicht unbedingt den Dienst beim Militär. Immer wieder gibt es ja die politische Debatte darüber, ob junge Menschen dazu verpflichtet werden sollten, beim Bund oder im Sozialsystem für eine gewisse Zeit aus Pflicht zu arbeiten. Ich halte das für eine hervorragende Sache. Wer für andere da ist, wer sich einordnet und der Allgemeinheit dient, der arbeitet nicht nur als günstige Kraft für die Gemeinschaft. Es ist viel mehr als das: Es geht um den Zusammenhalt, um das Verständnis dafür, was das Leben ausmacht und wie man anständig zusammenlebt.

Wer führen möchte, muss erst einmal lernen zu folgen. Das ist ein Motto, das ich verinnerlicht habe. Wenn ich mich heute umschaue, eine Generation nach mir, dann sehe ich viele Menschen, die einen enormen Anspruch ans Leben haben. Vielen von ihnen fehlt aber die Erfahrung dafür, wie es ist, sich einzuordnen und anderen zu dienen. Platt ausgedrückt haben gerade junge Männer von zu Hause oft viel zu viel bekommen und sich dafür nie richtig strecken müssen. Ihr ganzer Weg ist vorgezeichnet: Die Eltern kümmern sich um sie, damit es in der Schule läuft, dann geht es an die Hochschule und schließlich, mit dem Abschluss in der Tasche, in Richtung Abteilungsleiterposten. Das alles, ohne dass sie jemals »Dreck gefressen« haben. Wer aber nie gesagt bekommen hat, was seine Pflichten sind und wie er anderen dienen soll, dem fehlt etwas – und das fehlt irgendwann auch der Gesellschaft. Für mich ist übrigens der Zivildienst, also Alten-, Kranken- oder andere Pflege, ein mindestens gleichwertiger Einsatz zum Militär gewesen. Es geht mir darum, dass jeder Mensch bei uns etwas zurückgeben sollte und fürs Leben sehr viel mehr lernen würde, wenn er sich den gleichen Regeln unterwerfen müsste, wie wir sie damals hatten. Lernen zu folgen, auch mal Widerstände hinzunehmen und Aufgaben ohne eigene Wahl entgegenzunehmen. Für mich ist es ein Wert an sich, dass ich einen Teil zurückgebe. Bei der Bundeswehr sind gerade die Jungs aus einem Zuhause, in dem sie ihr Leben lang bemuttert worden waren, innerhalb kürzester Zeit über sich hinausgewachsen. Leute, die noch nie zuvor Wäsche gefaltet hatten, waren plötzlich komplett organisiert. Ja, manche von ihnen sind bestimmt nach Hause gefahren und haben gesagt: »Mama, danke, dass du die ganzen letzten Jahre die Toilette geputzt hast. Das habe ich noch nie gemacht, oder? Und welche Mühe und Arbeit es bedeutet, immer wieder das Bett zu beziehen.« Darum geht es. Das ist für mich Anstand.

Es gibt einen sehr zutreffenden Leitsatz, den der amerikanische Schriftsteller und ehemalige Marine, also Elitesoldat, G. Michael Hopf in einem postapokalyptischen Buch aufgeschrieben hat: »Hard times create strong men, strong men create good times, good times create weak men, and weak men create hard times.« Also: Schwierige Zeiten schaffen starke Menschen, starke Menschen schaffen gute Zeiten, gute Zeiten schaffen schwache Menschen, und schwache Menschen schaffen schwierige Zeiten. Die Welt, in der wir uns gerade befinden, unsere derzeitige Gesellschaft, ist darin gut beschrieben. Wir haben es mit einer Gesellschaft zu tun, in der es den Menschen sehr lange sehr gut ging und in der die Probleme wachsen konnten, weil der Mut geschwunden ist, weil es bequemer war, sich auf sich selbst zu konzentrieren. Ich denke, dass ein gesellschaftlicher Dienst dabei helfen kann, ein Land langfristig weniger anfällig für einen solchen Schwächeprozess zu machen. Dabei können Menschen lernen, stark zu sein. Überall, wo ich mich umschaue und umhöre, sagen die Leute doch: »Och nö, das ist mir zu hart. Nö, das möchte ich nicht machen. Ich mache lieber was Bequemeres.« Ich habe ehrlich gesagt Angst vor diesem Denksystem, vor seiner Auswirkung auf uns alle.

Aus meiner Sicht bewegen wir uns in sehr anspruchsvollen Zeiten, nicht nur außenpolitisch bricht eine Gewissheit nach der nächsten weg. Auch das Innere unserer Gesellschaft ist nicht länger stabil. Um damit umzugehen, brauchen wir starke Menschen. Wir sollten uns als Gesellschaft dafür einsetzen, dass wir diese Menschen ausbilden. Und wir sollten als Einzelne den Mut aufbringen, uns den gemeinsamen Problemen zu stellen. Dann können wir diesem dramatischen Kreislauf etwas entgegensetzen.

* * *

Dass ich bei der Bundeswehr landen würde, war allerdings auch nicht mein großer Plan. Anders als andere Kinder haben wir draußen zwischen Bäumen und Wiesen nicht einmal Krieg gespielt und auf dem Computer oder der Konsole habe ich mich damit erst recht nicht beschäftigt. Aber als die Musterung anstand, bei der über meine Wehrtauglichkeit befunden wurde, erkannte ich die Chance und wie gut dieser Dienst zu meinen Wünschen passen würde.

Ich hatte die Alternative, als Fischwirt irgendwann in den folgenden Jahren für ein Jahr von der Bundeswehr eingezogen zu werden – oder direkt die berufliche Laufbahn beim Militär ins Auge zu fassen. Dass es dort Karrierewege gab, hatte ich mitbekommen. Also ergriff ich die Initiative, fuhr noch während meiner Ausbildung zum zuständigen Kreiswehrersatzamt und wartete auf ein Beratungsgespräch zum Thema Zeitsoldat. Als ich dort saß, hatte ich eigentlich nur den Plan, mich für vier Jahre zum Dienst zu verpflichten. Das wirkte wie eine überschaubare Zeit, die mir genug Erfahrung ermöglichen würde, nicht viel länger als die Lehre, die ich gerade zu Ende brachte. Doch dann sah ich Werbebilder, die es mir schließlich angetan haben. Fotos, auf denen Fallschirmjäger zu sehen waren, abgebildet in voller Tarnmontur, mit Waffe in der Hand und Farbe im Gesicht, aber auch schon dreckig vom Einsatz im Wald. Es war dieses Bild, das mich an meine Jugendträume erinnerte und etwas mit mir machte. Ich wollte auch so sein wie diese Leute in der Werbung. Ich wollte Fallschirmjäger werden.

Im Beratungsgespräch machte mir der Mitarbeiter des Kreiswehrersatzamts erst mal wenig Mut. Ich gab meine Begeisterung weiter, doch er klärte mich auf. Es sei nicht so einfach, als Fallschirmjäger genommen zu werden. Außerdem sei dieser Dienst ziemlich anstrengend. Vielleicht wären andere Jobs beim Bund für mich attraktiver? Noch dazu bedeutete dieser Weg, sich auf zwölf Jahre zu verpflichten. Zwölf Jahre! Ein bedeutender Teil des Lebens, das gerade erst richtig angefangen hat. Mich schreckte das nicht ab, im Gegenteil. Es passte zum Leben, wie ich es mir vorstellte – ganz unabhängig davon, was sich andere Menschen für mich ausgemalt hatten. Vor allem das »Jäger« in Fallschirmjäger sprach mich an, auch Gebirgsjäger hätte ich mir vorstellen können – eine Funktion mit ähnlich hohen

Zugangsvoraussetzungen. Ich untermauerte meine Absicht im Beratungsgespräch, mich für die Fallschirmjäger qualifizieren zu wollen. Das wiederum überzeugte. Ich bekam die Einladung, in Düsseldorf an einem zweitägigen Eignungstest teilzunehmen.

Der Weg zu diesem Test war für mich auch schon ein Abenteuer. Mit dem Zug fuhr ich aus Hessen in die große Stadt, die ich noch nicht kannte. Ich war allein unterwegs, das hatte etwas Aufregendes, ich fand meinen Weg durch Düsseldorf und dann zur Kaserne, auf deren Hof ich das erste Mal richtig ins Militär eintauchte. Man begrüßte mich mit einer sehr nüchternen, klaren Ansprache. Diesen militärischen Ton kannte ich noch nicht. »Hier ist die Stube, da übernachten Sie, hier ist die Bettwäsche, die ziehen Sie auf, morgen wecken wir Sie und dann stehen die Tests an.« Mehr musste man nicht wissen. Ich ließ mich darauf ein.

Die Prüfungen waren intensiv. Ich hatte mit mehr Action gerechnet, aber erst mal war es wie in der Schule. Ich nahm an einem Computer Platz, für Tests zum logischen Denken, zum Wissen, zu psychologischen Reaktionen. In der Schule war ich nur in Fächern gut gewesen, die mich wirklich interessierten, wie Naturwissenschaften und Mathe. Bei anderen fehlte mir die Motivation. Die Antworten auf die Fragen im Test aber gingen mir leicht von der Hand. Mir war schnell klar, dass die Werbebilder der Fallschirmjäger im Einsatz bei Weitem nicht die gesamte Realität dieses Jobs spiegelten. Bevor die Bundeswehr jemanden in einer solchen Position hat, soll dieser Mensch auch auf seine Eignung für den Einsatz an der Waffe und den Dienst unter besonders stressigen Bedingungen geprüft werden. Klar: Sie wollen nicht den nächsten Rambo einstellen, sondern Leute, die mit der Verantwortung und den Gefahren umgehen können. Die Tests drehten sich somit nicht ums Geballer, sondern um meine Persönlichkeit. Deswegen befragte mich auch ein Psychologe. Ich hatte das Gefühl, dass ich es okay mache, dass ich hier gut reinpasse. Zu mir gehört aber ebenso meine physische Leistungsfähigkeit und die wurde am folgenden Tag auf die Probe gestellt. Es ging um Ausdauerleistung, etwa beim Fahrradfahren, um Kraft, die ich in einer Art Zirkeltraining beweisen musste. Ich kam morgens in eine Sporthalle, wo bereits viele andere Teilnehmer warteten. Obwohl wir alle gemeinsam in dieser Situation waren, war jedoch jeder für sich allein. Es war kein Wettbewerb, es gab kein Gegeneinander der Probanden. Ich musste nicht besser sein als andere, ich machte mein Ding. Am Ende dieser Einstufung hatte ich zwei Wünsche frei und bestätigte: Fallschirmjäger war der erste, Gebirgsjäger der zweite.

Bis zum Ende des zweiten Test-Tages hatte ich nur ein Gefühl, wie gut ich gewesen war. Weder von den Computertests noch von den sportlichen Übungen wusste ich, wie ich im Verhältnis zu den Anforderungen an meine Wunschposition abgeschnitten hatte. Es kam also das Gespräch der Wahrheit. Es ging ohne Drama vonstatten. Vor mir saß ein Einplaner, der das Ergebnis meiner Tests vor sich hatte. Er sagte: »Sehr gut.« Er stellte vor, was seine Rolle ist und welche Positionen es zur Auswahl gab. Er fragte, ob ich mir vorstellen könne, für zwölf Jahre zu unterschreiben. Ich wiederholte meinen Wunsch. »Sind Sie sicher, dass Sie sich darauf einlassen wollen?« Ich sagte: »Ja«. Und auf der anderen Seite gab es keine Bedenken. Ich hatte das Zeug, war T1, also ohne Einschränkung gemustert, war körperlich und geistig geeignet für die neue Rolle. Dabei wusste ich überhaupt nicht, was da vor mir lag, was diese Art des Diensts für mich bedeuten würde. Ich konnte mir das Leben in der Bundeswehr kaum vorstellen und wusste, dass ich mich auf etwas ganz und gar einlassen würde. Ich wollte das auch. Aber ich wusste nicht, worauf. Ich dachte mir nur: Okay, jetzt wird es ernst.

***

Es ging um zwölf Jahre, ein Leben als Soldat auf Zeit. Es ging darum, mich festzulegen. Die Ausbildung zum Fallschirmjäger war eine Berufswahl. Sie bedeutete den Start in eine Laufbahn, die auch den Weg zum Feldwebel eröffnete. All das war für mich ungreifbar, ganz weit weg. Die Hierarchie, die Regeln des Militärs, damit hatte ich keine Erfahrungen, aber es klang enorm spannend und so, dass ich mich weiterentwickeln würde. Dort, so glaubte ich, fände ich eine Tätigkeit, die meinen Talenten entsprach, die gut bezahlt war und bei der ich mich weiterentwickeln würde.

Sich für mehr als ein Jahrzehnt zu verpflichten stellt einen gerade knapp 20 Jahre jungen Mann allerdings vor eine große Frage, vor allem, wenn er gerade erst die erste richtige Liebesbeziehung seines Lebens genießt. Bei mir war das so. Ich war verliebt. Meine Lehre war abgeschlossen. Es kam mir merkwürdig vor, mein Leben für so lange Zeit an einen neuen Dienstherrn zu binden. Was würde das für meine Beziehung bedeuten, die mir gerade viel Glück brachte? Ich brauchte also noch einen Ratgeber, bevor ich mich endgültig für die Sache anmeldete.

Es war die Mutter meiner damaligen, ersten Freundin, die ich in dieser Sache kontaktierte. Ich hatte ohnehin einen guten Draht zu ihr, sie war immer freundlich und hilfsbereit. Ich rief sie also an, weil ich einen erwachsenen Menschen sprechen wollte, der mir noch einen Rat gibt. Das Vertrauen zu ihr war groß, dafür bin ich ihr bis heute dankbar, denn die Sache war ja auch heikel. Ihre Tochter war nicht unbedingt begeistert, dass ich für diese lange Zeit nicht nur woanders hin, sondern auch hinter den Mauern einer Kaserne verschwinden würde. Aber ihre Mutter hörte meine Begeisterung für das Abenteuer und verstand, dass diese Laufbahn für meine Entwicklung große Chancen bot. Sie sagte: »Na ja, ob du jetzt vier Jahre zum Bund gehst oder zwölf, das hat für die Beziehung keine Bedeutung. Wenn die Beziehung gut ist, dann hält sie das aus. Und wenn die Aufgabe gut für dich ist, solltest du sie annehmen.« So riet sie mir eindeutig, mich auf die Sache einzulassen. Bis heute bin ich ihr sehr dankbar dafür. Sie hat mir zur Klarheit verholfen. Ich unterschrieb den Vertrag für die zwölf Jahre. Dann ging ich mit der Nachricht zu meinen Eltern.

Gefragt habe ich weder meine Mutter noch meinen Vater. Ich habe sie konfrontiert, als ich mit der Sache klar war. Man könnte erwarten, dass so ein Gespräch mit den beiden engsten Menschen im Leben besonders schwierig ist. Das war bei mir überhaupt nicht der Fall. Ich wusste, was ich wollte. Ich wusste, dass es mein Leben ist. Ich vertraute darauf, dass meine Eltern mir diese Eigenverantwortung nicht nur zugestanden, sondern dass sie mich auch so erzogen hatten. Es gab also nichts mehr zu beraten, nur noch zu verarbeiten für sie. Mein Vater, der selbst bei der Bundeswehr gewesen war, fand die Sache sofort gut. Meine Mutter brauchte einen Moment, es war nicht unbedingt ihr Lebensplan für mich. Aber sie akzeptierte, was ich vorhatte. »Mal sehen«, sagte sie, »ob dir deine wilden Ideen da aus dem Kopf getrieben werden.« Sie hatte die Hoffnung, dass ich vom abenteuerlustigen Jugendlichen zum erwachsenen

Mann reifen könnte. Das Militär könnte mir dabei helfen, das erkannte sie an. Natürlich blickte ich nicht so auf die Sache, aber recht hatte sie damit schon, wie ich heute feststellen muss.

***

Bevor der Bus das Tor der Niederauerbach-Kaserne in Zweibrücken erreichte, musste ich erst eingezogen werden. Stichtag war der 1. Oktober 2002. Noch gut zwei Monate bis zu meinem 20. Geburtstag. Die Monate nach der Lehre verbrachte ich nicht mit Gammeln oder Urlaub, sondern war sehr fleißig. Ich wollte weiter Geld verdienen für mein Outdoor-Equipment. Also schuftete ich am Bau, half bei Maurerarbeiten. Das war lukrativ und zahlte sich auch körperlich aus. Als ich mich im Herbst 2002 in den Zug in den abgelegenen Teil von Rheinland-Pfalz setzte, war ich sehr gut in Form.

Es herrschten Aufbruchsstimmung und viel Neugier in diesem Zug. Ich reiste zusammen mit anderen jungen Männern, die ebenfalls eingezogen worden waren. Wir unterhielten uns, stiegen in ein gemeinsames Erlebnis ein. Am Bahnhof von Zweibrücken wartete schon der Bus der Bundeswehr auf uns, das kleine Grüppchen junger Männer, die einen gemeinsamen Weg vor sich hatten. Wir setzten uns in den Bus und fuhren nach Niederauerbach, dort die Hügel hinauf und vor das Tor. Die Wache schaute rein, öffnete die Schranke und der Bus fuhr auf den Hof. Wir stiegen aus. Es war der Einstieg in ein neues Kapitel und ich spürte: Das ist jetzt deine Zukunft. Das ist jetzt dein Leben. Es war mir sehr bewusst, auch wenn ich immer noch keine Vorstellung davon hatte, was es genau bedeuten würde.

Einstieg in eine neue Welt: Warum die Bundeswehr-Zeit bis heute nachwirkt

Auf dem Kasernenhof war keine Zeit für Small-Talk. Als wir aus dem Bus stiegen, stand ein Unteroffizier vor uns. Er begrüßte uns nüchtern und hatte eine Liste mit den Namen. Dann ging es relativ schnell, das zivile Leben tauscht man in diesem Augenblick gegen eine klare Ordnung ein, gegen einen Platz, der von oben zugewiesen wird. Schneller als man wirklich nachdenken kann, befindet man sich in einer Hierarchie, was die Sache einfach, aber zugleich ungewohnt macht, besonders für junge Leute wie mich damals. Der Spieß rief meinen Namen auf und die der anderen jungen Männer, mit denen ich zusammen an diesem 1. Oktober 2002 den Grundwehrdienst antrat. Er ordnete uns den Zügen zu, in denen wir die kommenden Monate verbringen würden. Damals waren die meisten Begriffe noch neu für mich. Ein Zug, das ist die kleinere Einheit einer Ausbildungskompanie, der sich wiederum in Gruppen sortiert. Beim Militär wählt man nicht selbst, sondern wird einer Gruppe in einem Zug zugeordnet. Davon abhängig ist dann, in welche Stube man kommt, mit wem man in der kommenden Zeit am engsten zusammen sein wird, wem man hilft und wer einem hilft, wenn man bei den Übungen im Freien unterwegs ist.

Der Ton, in dem der Spieß, einer der dienstältesten Feldwebel, uns begrüßte, war natürlich militärisch. Aber man darf sich das nicht vorstellen wie in den dramatischen Filmen, in denen die Militärs scharf herumschreien. Es handelte sich eher um eine sehr klare, nüchterne Kommunikation, die sofort verständlich war. Der Spieß ist so etwas wie die »Mutter der Kompanie«, für Personaldinge verantwortlich. Er wies uns ein. Wir wollten also Fallschirmjäger werden, herzlich willkommen, und dafür gebe es gewisse Voraussetzungen. Zunächst einmal die Grundausbildung, wie sie auch jeder andere Wehrdienstleistende zu absolvieren hatte, drei Monate mit dem kleinen Einmaleins des Bundes. Der Spieß erklärte, wo unsere Betten sein und wo wir das Material in Empfang nehmen würden, das uns zu Bundeswehrsoldaten machte: Uniform, Rucksack, Zelt, Stiefel, Helm, Waffe. Natürlich bekamen wir auch einen Soldatenausweis.

Es war schön für mich, tatsächlich mit einem der anderen Passagiere aus dem Zug zusammen auf die Stube zu kommen, den ich bei der Anreise bereits kennengelernt hatte. Wir haben uns auf Anhieb gut verstanden. Das gab mir ein gutes Gefühl. Denn es ist ja durchaus ungewohnt, sich zu sechst ein Zimmer mit drei Doppelhochbetten zu teilen und auf so engem Raum die private Zeit miteinander zu verbringen. Die Stube, in die wir zogen, war absolut alte Schule, komfortlos, mit Metallbetten, kahlen Wänden und abgenutzten Spinden, die nur ein wenig Platz für ein paar private Sachen bieten, die man so dabeihat. Ein paar Fotos, Bücher, mehr passt kaum rein. Der Rest des Zimmers ist entweder farblos oder in Bundeswehr-Grün gehalten. Es geht nicht darum, es gemütlich zu haben, sondern sich in das Team einzuordnen. Dazu gehört dann eben auch, die Stube sauber zu halten oder die Toilette zu putzen. Für viele war das neu. Sie wussten nicht, wie man mit einem Handfeger umgeht oder ein Klo sauber bekommt. Das hatten immer andere für sie erledigt. Doch hier gab es keine andere Möglichkeit. Das Militär ist streng, der Zugführer lässt einem keine dreckige Stube durchgehen. Auch das Zusammenlegen der Kleidung ist ohne Alternative. Wir haben diese Sachen schnell gelernt und was soll ich sagen: Ich habe nicht mehr vergessen, wie es geht – und seitdem keine Schwierigkeiten damit, meine Kleidung ordentlich zu falten. Die Ordnung hat aber auch einen tieferen Sinn. Das merkt man vor allem, wenn es ums Kampfmaterial geht. Nach Übungen ging es immer darum, das draußen benutzte Material wieder zu säubern und zu kontrollieren, ob alles in Ordnung war. Dieses »Klar-Schiff-Machen« ist ganz wichtig, damit man sich auf das Material verlassen kann. Das ist eine Routine, die man lernt. Erst kommt das Material, dann der Mensch. Das klingt vielleicht hart, hat aber seinen Sinn. Denn ohne garantiert funktionsfähige Waffen ist im Einsatzfall das Risiko für die beteiligten Menschen natürlich viel größer. Die Materialpflege dient also nicht nur der Erziehung, sondern letztlich der Funktion der ganzen Armee.

***

Die Grundausbildung war der Start in ein konditioniertes Leben. Für mich war das absolut ideal, mir gefiel es sofort. Schon am ersten Morgen wurden wir mit erbarmungslosem lauten Rufen geweckt. Manchmal war es auch ein Trommeln, mit Schlägen auf die Mülleimer. Ich hatte keine Schwierigkeiten, aus dem Bett zu kommen, denn es stand jeden Morgen Frühsport an: Laufen, Geschicklichkeit, Kraftübungen, Gymnastik. Ich empfand das als Segen, noch nie war ich so fit in meinem Leben. Wir gingen raus, ins Biwak. Da trägt man den Rucksack ebenso durch die Landschaft wie den darauf befestigten Schlafsack. Man richtet sich im Gelände ein, ist den Elementen ausgesetzt und passt aufeinander auf. Es kann sein, dass mal zwei zusammen den Rucksack für jemand anderen mit übernehmen, damit dieser Kamerad durchschnaufen kann. Etwa 25 Kilo schleppt man in dieser Zeit ständig durch die Gegend, daran muss man sich erst mal gewöhnen. Mir fiel das leicht. Und für andere da zu sein, das lernt man in der Bundeswehr.

Das Militär mag manchen Menschen Respekt einflößen, und es kann sein, dass sie sich in dieser Welt nicht zurechtfinden. Mir hingegen ging es vom ersten Tag an komplett anders. Für mich war auch dies ein Abenteuer, auf das ich mich einlassen konnte und dessen Einfachheit mir lag. Das Militär bietet Struktur und Chancen, in denen man sich selbst voll entfalten kann, wenn man es mag. Mir gefiel sofort, wie der Zugführer, also der Leiter meines Zuges, der Spieß und auch der Kompaniechef, mit mir sprachen. Im Zuge der kommenden Monate würde sich zeigen, dass sie meinen Ehrgeiz erkannten und mir die Möglichkeit eröffneten, besondere Erfahrungen zu machen. Doch vorher standen die Basics an. Als ich in Zweibrücken ankam, konnte ich mit keinem der Begriffe des Militärischen etwas anfangen, kannte weder die Größen der Einheiten noch überhaupt die Struktur, in der sich das Militär ordnet. Ich wusste nichts über die Dienstgrade und die Abzeichen an den Uniformen. Doch das Gute an dieser Zeit ist, dass man sich voll und ganz auf diese Ordnung einlässt und damit schnell lernt. Der Kompaniechef zeichnete mich nach der Grundausbildung aus. Als Prämie bekam ich ein Buch: *Der Wanderer zwischen beiden Welten*, eine autobiografische Novelle, in der Walter Flex seine Erlebnisse des Ersten Weltkrieges erzählt.

Das Herausragende an diesen drei Monaten war allerdings, wie sie uns zusammengeschweißt haben. Wenn man so viel Zeit so intensiv mit anderen Menschen verbringt, entwickelt sich daraus zwangsläufig eine gute Beziehung zu vielen. Das empfand ich als sehr wertvoll. Es entstanden Bekanntschaften und auch Freundschaften, die teilweise bis heute Bestand haben. Wenn ich zurückdenke, dann kenne ich eigentlich nur Erzählungen von Leuten, die das ganz genauso sahen. Es kommen Menschen zusammen, die man auf der Straße niemals ansprechen würde, die auch sonst kaum je einen Schnittpunkt haben. Auf meiner Stube wohnte ein Sohn türkischer Eltern, die damals aus ihrer Heimat geflüchtet waren. Er stammte aus dem tiefsten Bayern und war eigentlich nur Wehrdienstleistender, der danach wieder ins Zivile wollte. Er entschied sich dann, ebenso wie ich, ein Dutzend Jahre bei den Falschschirmjägern zu bleiben. Bis heute ist er ein enger Kamerad geblieben.

***

Der Spaß, den ich an dieser Welt hatte, zeigte sich in meinen Ergebnissen. Ich war es ja schon gewohnt, nicht mehr von den Eltern behütet zu werden. Meine Mutter und mein Vater hatten mich machen lassen, dann hatte ich die vergangenen drei Jahre dauerhaft beim Fischzuchtbetrieb gewohnt. Das war bereits ein selbstständiges Leben. Damit hatte ich es zum Start sicher etwas leichter als andere Kollegen, die mit mir die Grundausbildung machten. Meine Motivation zeichnete sich aus. Zu besonderen Aufgaben meldete ich mich. So gibt es in jeder Gruppe zum Beispiel nur ein Maschinengewehr und dafür braucht es einen Schützen. So ein MG ist mit mehr als zwölf Kilogramm allerdings ganz schön schwer, wenn man es bei den Übungen durch die Gegend transportiert. Ich meldete mich sofort, und zwar gerade, weil ich das schwerste Gerät haben wollte. So war ich damals, und ich denke, das hat sich ausgezeichnet. Bei der Prüfung am Ende dieser drei Monate war ich der Beste in unserem Zug.

Das war natürlich erst der Anfang meiner Entwicklung. Das Ziel einer solchen Laufbahn ist es, Leute wie mich zu Führungspersönlichkeiten aufzubauen. Mit der Verpflichtung auf zwölf Jahre und der gewählten Karriere bewegte ich mich auf einem anderen Level als viele Kameraden. Die Vorgesetzten wussten, dass für mich eine Feldwebellaufbahn vorgesehen war. Das bedeutete, dass sie mir mehr abverlangten und mich strenger beurteilten. Damit war ich jedoch nicht allein, im Zug befanden sich mehrere Feldwebelanwärter. Die Ansage der Offiziere war klar: Wenn ihr diesen Weg wählt, müsst ihr auch mehr Verantwortung übernehmen. Ich war damals noch nicht so weit, dass ich mich als Führungsperson gesehen hätte, doch genau dafür gab es eben einen Prozess. Die Oberen führten uns an mehr Verantwortung heran, an neue Rollen, an das Übernehmen von Führung. Eine gute Sache, für die ich dankbar bin, denn diese Art der Ausbildung bereitet auf vieles im Leben vor.

Statt Führung zu übernehmen, ging es aber erst einmal darum, mir die Flausen aus dem Kopf zu vertreiben. Meine Mutter hatte das schon richtig eingeschätzt. Vor dem Bund war ich ehrgeizig und bereit, Besonderes zu leisten. Aber ich war eben auch ein gerade mal 19 Jahre junger Mann mit viel ungebremster Energie. Ich machte gern Unsinn und ich liebte es, mich im Freien herumzutreiben. Ich war auch derselbe, der früher in den Sommerferien ständig im Krankenhaus oder beim Arzt war. Am Oberschenkel habe ich eine Riesennarbe: Mein Vater hatte mich die elektrische Heckenschere nutzen lassen, mit der ich mir prompt tief ins Bein schnitt. Beim Steineflitschen im Bach bekam ich einen fehlgeleiteten Stein ans Schienbein, das genäht werden musste. Auch am Hinterkopf wurde ich genäht, weil ich bei der Silberhochzeit meiner Großeltern von einer Mauer gestürzt war. Solche Sachen passierten bei mir, doch sie brachten mich nicht vom Abenteuer ab. Auch Geschwindigkeit begeisterte mich, wie so viele andere junge Männer. Als ich gerade ein halbes Jahr beim Bund war, hatte ich einen schweren Unfall, den ich nur mit Glück überlebte – und zwar mehr oder weniger unbeschadet.

Bevor ich Auto fuhr, besaß ich schon ein Motorrad. Los ging es mit einer Kawasaki ZXR-400, als ich 18 wurde. Mein Geld, das ich in der Lehre und später dann beim Bund verdiente, gab ich für so etwas aus. Die kleine Maschine reichte mir nicht, also kaufte ich mir stattdessen eine Kawasaki ZX-7R, eine unfassbar schnelle Rennmaschine mit 150 PS. Während ich beim Militär Zucht und Ordnung lernte, lebte ich an den Wochenenden das Leben eines jungen Abenteurers. Ich heizte mit dem Motorrad über Landstraßen, war dieses eine Mal zu schnell unterwegs, habe eine Kurve nicht richtig eingeschätzt, die Kontrolle verloren und die Spur verlassen. Das Motorrad raste über die Straßenbegrenzung und in einen Weidenzaun mit Stacheldraht. Vier oder fünf Pfeiler müssen dabei umgerissen worden sein, ehe ich am Boden zum Stillstand kam. Mein Helm war komplett beschädigt, ich nahm ihn ab und wunderte mich. Ich hatte tatsächlich nichts, keine gröberen Verletzungen, keine Brüche, keine

Wunden. Ein Schleudertrauma war alles, nicht einmal eine Gehirnerschütterung wurde diagnostiziert. Dennoch war es ein Erweckungserlebnis für mich. Ich bemerkte, dass ich mit Glück davongekommen war. Ich feierte ein zweites Mal Geburtstag und ließ mich jetzt noch mehr aufs Militär ein.

Um zu führen und ein guter Soldat zu werden, braucht ein Mensch auch Ruhe. Selbst daran arbeiten sie beim Bund mit den jungen Rekruten. Das Ungestüme, was mich in der Freizeit prägte, habe ich damals auch in der Kaserne durchscheinen lassen. Aber sie wussten schon damit umzugehen. Weil ich so fit war, fühlte ich mich beinahe unsterblich, wie das bei jungen Männern so ist. Die Aufgaben, die ich bei der Kampfkompanie bekam, erschienen mir etwas zäh. Ich war im schweren Zug der Kompanie und dort am Anfang zuständig für die Milan-Panzerabwehrwaffe. Dieses Gerät trugen wir mit mehreren Leuten auf der Schulter, um unsere Einheiten zu schützen. Keine schlechte Sache, aber mein Zugführer und auch der Spieß erkannten, dass ich ehrgeiziger war. Sie öffneten mir Wege, bremsten mich aber auch.

In der Kaserne hatten wir getestet, wer der Fitteste ist. Wir machten Tests, etwa Gepäcklauf und Orientierungsmärsche. Ich war der Beste und durfte zum Lehrgang. Sehr früh, noch im ersten Jahr beim Bund, gestand man mir zu, auf den Einzelkämpferlehrgang zu gehen.

Beim Lehrgang selbst gab es dann eine Situation, an die ich noch oft denke. Wir machten einen Aufnahmetest, 3000 Meter laufen mit Gepäck, mit einem Wendepunkt auf halber Strecke. Der Ausbilder, ein Major, lief in Sportsachen vor, er wollte am Wendepunkt warten. Das hat mich angespornt. Ich lief, so schnell ich konnte, überholte den Offizier und fragte ihn frech: »Na, soll ich am Wendepunkt auf Sie warten?« Er antwortete: »Nein, Sie können gern schon allein ins Ziel laufen.« Den Test bestand ich. Aber das Verhalten war später Thema. Der Hörsaalleiter beim Lehrgang hatte schon eine Ansprache vorbereitet. Ob man beim nächsten Mal extra für mich einen schnelleren Offizier mitschicken solle, fragte er mich, und wurde daraufhin etwas unfreundlicher. Es gab einen Anschiss, denn freches Verhalten gegenüber Vorgesetzten passt nicht zum Dienst. Was mir eingefallen sei, als ich diesen Kommentar abgab, wollte er wissen. Diesmal blieb ich kleinlaut. Er hatte seine Botschaft übermittelt. Ich glaube aber, insgeheim hat er ein bisschen in sich hineingelächelt, weil er meinen Ehrgeiz kannte. Er wusste, dass er mich einbremsen musste. Aber ausbremsen wollte er mich ganz sicher nicht.

***

Es heißt, es dauert etwa vier Wochen, bis man neue Gewohnheiten angenommen hat, einen sogenannten Habitus. Beim Bund ging es darum, solche Gewohnheiten zu verankern. Ich habe das als durch und durch positiv wahrgenommen. Dieses Lernen mit starken Routinen lässt sich auch ins Leben außerhalb des Militärs übertragen. Wer sich jeden Tag um dieselbe Zeit dazu zwingt, eine Banane zu essen, hat daraus nach drei, vielleicht vier Wochen eine Gewohnheit gemacht. Wer jeden Tag zwei Flaschen Bier trinkt, macht daraus ebenfalls eine Gewohnheit und nach zwei Monaten, so heißt es oft, eine Sucht. Wer diesen einfachen Mechanismus ernst nimmt, kann ihn für sich nutzen und sich schützen. Negative Verhaltensmuster lassen sich aufbrechen, denn den positiven Habitus kann man sehr leicht schaffen. Es geht letztlich nur ums Machen. Das bedeutet

Disziplin und die wiederum gehört zum Militär. Aber sie passt auch in jeden anderen Lebensbereich. Auch ohne bei der Bundeswehr gewesen zu sein, können Menschen sich an den Strategien der Streitkräfte orientieren. Es hat schon einen Sinn, die Stube in Ordnung zu halten, alle um dieselbe Zeit wachzurufen und Aufgaben nicht nach persönlichem Geschmack zu verteilen. Klar, nicht alles muss so laufen im Leben. Aber es hilft doch sehr, diese Notwendigkeiten und Prioritäten zu kennen. Ich bin froh, dass ich das bei der Bundeswehr gelernt habe.

***

Bislang habe ich noch gar nicht über meine Fallschirmausbildung berichtet. Das hat auch seine Berechtigung, denn selbst wenn man sich für die Karriere als Fallschirmjäger meldet, gehört das Springen selbst zu den allerseltensten Tätigkeiten. Fallschirmjäger sind keine Fallschirmspringer, die dauernd in der Luft agieren. Sie müssen das natürlich beherrschen, aber am Boden sind sie Jäger, also Soldaten an der Waffe, Infanteristen. Dennoch gehörte das Springen zur Ausbildung, was für mich viele Höhepunkte brachte. Es war das, wonach ich mich gesehnt hatte, bevor ich mich für den Bund meldete. Um es einzuordnen: Am Ende meiner Zeit bei der Bundeswehr hatte ich etwa 80 Automatensprünge absolviert. Verglichen mit richtigen Fallschirmspringern sehr wenig. Es gibt Fallschirmspringer, die im selben Alter schon Tausende Sprünge gesammelt haben.

Beim Militär gibt es außerdem unterschiedliche Sprünge: die »Static Line« und den »Freefall«. Erstere kennt man aus Kriegsfilmen: Flugzeuge lassen in einigen Hundert Metern eine Vielzahl Soldaten ab. Die Männer, so war das auch bei uns, sind an einer Stahlleine eingehakt. Wenn die Seitentür oder die Heckklappe sich öffnet, laufen sie nacheinander raus. Mit einer Leine sind die eingepackten Fallschirme mit der Leine im Flieger verbunden. Beim Absprung befreit sich der Schirm aus dem Packsack, der mit dem Flugzeug verbunden bleibt. Dann fällt der Springer mit dem sich öffnenden Schirm. Dieser runde Schirm ist sehr stabil, lässt sich aber kaum lenken. Mit dieser Tragfläche segelt man zu Boden und bereitet sich darauf vor, den Rucksack kurz vor dem Aufprall etwas vorauszuschicken und die Beine einzufahren. Bei diesen Sprüngen kann es sein, dass mehrere Flugzeuge nebeneinander die Fallschirmspringer aussetzen – und während man dann zu Boden segelt, sieht man um sich herum den ganzen Himmel voller Kameraden. Ein beeindruckendes Gefühl.

Bevor es allerdings aus einem Flugzeug geht, brauchen Soldaten eine Ausbildung – wie sollte es anders sein? Ich erinnere mich noch bestens an die Zeit, die ich in der Lufttransportschule der Bundeswehr in Altenstadt verbracht habe. Dort hat es mir hervorragend gefallen, diese Reisen zu anderen Standorten boten Einblicke in andere Teile der Truppe, aber auch Eindrücke neuer Landschaften und Regionen. Altenstadt liegt ganz im Süden, im Allgäu, das bot schon fast ein Urlaubsgefühl. Zumal auch hier Abenteuer dazukam. Um sich aufs Springen vorzubereiten, gehört erst der Automatensprung am Sprungturm aufs Programm. Dafür kletterten wir auf einen enorm hohen, mit Stahl verstärkten Holzturm. Oben war eine Luke, von der aus ein Drahtseil gespannt war. An dieses Drahtseil gebunden, simulierten wir den Sprung, den wir später aus einem Armeeflugzeug tätigen würden. Ich erinnere mich noch an das Gefühl des Rucks, als ich, mit dem Gurt am Seil befestigt, nach unten sprang. Das hat mich nicht abgeschreckt. Genau darum ging es ja: zu erleben, wie der Körper auf diese Belastung reagiert. Sie fühlte sich tatsächlich genauso an wie später, als ich aus den etwa 230 Stundenkilometer schnellen Transall-Maschinen sprang. Erstaunlich ist, wie lange man den Effekt eines solchen Sprungs noch spürt, gerade während der Ausbildung, weil man da das Landen so oft simuliert. Abends im Bett, auch noch am nächsten und übernächsten Tag, hatte ich manchmal Probleme, den Kopf anzuheben. So groß war die Beanspruchung für die Muskulatur, mit dem Fall umzugehen.

Als ich später zum Fallschirm-Spezialzug kam, gehörte auch die eingangs erwähnte Freifall-Ausbildung dazu. Dabei sprangen wir teilweise in Höhen aus dem Flugzeug, für die wir sogar ein Sauerstoffgerät brauchten. Diese Sprünge kennt man eher aus Action- statt aus Kriegsfilmen. Bei der Armee sind sie etwas für Spezialeinsätze. Später durfte ich auch zu Fallschirmspringerübungen mit Angehörigen anderer Streitkräfte: Ich war mit französischen, amerikanischen und auch polnischen Kameraden und Flugzeugen unterwegs, was mir Springerabzeichen des jeweiligen Landes einbrachte. Und viele sehr schöne Erinnerungen.

Die Ausbildung zum Springer dauert sechs Wochen. Danach erhält man seine Urkunde, aber erst nach der ärztlichen Eignungsprüfung ist der qualifizierte Soldat wirklich bereit für mögliche Einsätze. Diese Prüfung wiederholten wir jedes Jahr. Um die Berechtigung zu erhalten, brauchten wir außerdem jährlich vier Absprünge. Eine ganz andere Realität, als man sie sich beim Begriff Fallschirmjäger vorstellen würde.

***

Ich muss gestehen, dass ich als junger Mann nicht viel über den finalen Zweck der Armee nachdachte. Die politischen Verwerfungen, die damals auf der Welt um sich griffen, waren für mich wenig greifbar. Natürlich hatte auch ich mitbekommen, dass die Bundeswehr in den Jahren zuvor plötzlich regelmäßig im Ausland aktiv wurde. Der Jugoslawien-Einsatz der NATO lag erst wenige Jahre zurück. Der Anschlag auf das World Trade Center und das Pentagon in den Vereinigten Staaten von Amerika und der folgende Einmarsch amerikanischer und verbündeter Truppen in Afghanistan war auch ein Thema für deutsche Soldaten.

Ehrlich gesagt war ich damals noch nicht sonderlich reflektiert. Das geschah erst im Zuge meiner Laufbahn. Ich wusste, dass es einen Einsatz im Konflikt geben könnte. Ich war dem sogar zugetan, denn ich wollte ja zeigen, was ich gelernt hatte. Damals lebten wir in einer Illusion. Die Bundeswehr, so vermittelten es auch die Medien, ist eine Truppe, die den Frieden schafft oder sichert. Von Krieg war kaum die Rede und so konnte ich das auch von mir fernhalten. Als es später auf den ersten Auslandseinsatz zuging, habe ich mich tatsächlich darauf gefreut. Damit war ich nicht der Einzige. Nach all den Lehrgängen, Übungen und Tauglichkeitsbeweisen möchte ein Soldat zeigen, was er kann. Aber was auf einen zukommt, wenn der Einsatz in einen realen Konflikt mündet, darauf ist man nie vorbereitet. Es geht nur darum zu wissen, dass man das Gelernte sicher abrufen kann.

***

Unabhängig von dem, was ich später noch an extremen Erfahrungen beim Bund sammeln würde, habe ich in meiner Zeit als Soldat sehr viel gelernt. Ich glaube, das lässt sich verallgemeinern. Aus dem Militär, vielleicht auch aus vergleichbaren Diensten in einer strengen, geordneten Organisation, lassen sich mindestens drei wichtige Lehren auf viele Aspekte des Lebens übertragen.

Erstens: Die Bundeswehr lehrt **Disziplin**, und Disziplin ist wichtig im Leben. Sie bedeutet die Fähigkeit, erwünschte Gewohnheiten und Verhaltensweisen aufzubauen und durchzuhalten. Es wird einfach, neue Routinen zu erwerben, wenn es geregelte Abläufe gibt. So etwas können wir uns für das tägliche Leben abschauen. Der Frühsport bei der Bundeswehr wurde irgendwann zur Routine. So kann es auch mit dem Sport zu Hause sein, mit dem Aufräumritual oder sogar dem Kontakthalten mit Freunden. Gibt es fixe und planbare Abläufe, entwickeln Menschen sich weiter. Ich habe diese Disziplin verinnerlicht. Sie gehört zu mir und ich kann sie jederzeit abrufen.

Zweitens: Gelernt habe ich auch **Durchhaltewillen**, also die Fähigkeit, nicht einfach aufzugeben. Jeder, der eine Grundausbildung erfolgreich absolviert, wächst daran. Das System zielt darauf, die Probanden hart auf die Probe zu stellen, sie an ihre Grenzen zu treiben. Durchhaltevermögen ist für Soldaten elementar. Es lässt sich aber auch an anderen Stellen im Leben trainieren. Und wer es hat, profitiert enorm davon. Soldaten müssen sich ständig bewähren, in Prüfungen und Übungen. Wer an seine Grenzen geht, weil er ein Ziel vor Augen hat, lernt, seine Grenzen zu verschieben.

Drittens: Zu guter Letzt ist da noch die **Dankbarkeit**, die ich beim Bund gratis gelernt habe, Dankbarkeit und Zufriedenheit. Der Spind mit den wenigen privaten Sachen, die ständige Reiserei, die notwendigen militärischen Artikel, die man immer mit sich führt: Es bleibt kein Raum für persönlichen Luxus. Schnell habe ich gemerkt, dass Eigentum oft eher Belastung ist, dass ich mit sehr wenig sehr gut auskommen kann und vor allem zufrieden bin, wenn ich meine Missionen gut erfülle – aber auch, wenn ich das Gemeinsame mit meinen Kameradinnen und Kameraden erlebe, deren Geschichten ich nicht vergessen werde. Dankbarkeit empfinde ich sogar über die Schwierigkeiten und Probleme, die hinter mir liegen. Es gab belastende Erlebnisse, die ich gemeistert habe. Dafür bin ich dankbar. Das hat mich geprägt.

Ich mag Autos, ich reise gern, aber ich *brauche* das nicht. In meinem Zivilleben bin ich ein glücklicher Mensch, der mit wenig sehr gut klarkommt und Kleinigkeiten wertschätzt. Es muss kein größerer Bildschirm sein, nur weil er verfügbar ist. Diese Dinge setzen uns oft unter Druck, statt uns Glück zu verleihen. Was du hast, reicht aus, um glücklich zu sein und um deine Mission ausführen zu können – egal, welche das sein mag.

Marsch ans Limit: Wie ich zum Einzelkämpfer wurde

Es ist kalt und feucht, um mich herum stehen Bäume, viele bunte Blätter liegen auf dem welligen Boden irgendwo im Süden Deutschlands, an einem Ort, den ich noch nie besucht habe und den ich nicht kenne. Dies ist mein Zuhause für die kommenden Tage. Ich richte mich hier ein, bin ganz allein und auf mich gestellt. Ich schaue mich um, mache mich mit dem Gelände vertraut, das ich in den nächsten Tagen nicht verlassen darf. Hier gibt es nichts außer reiner Natur. Wald, wie man ihn sich vorstellt. Ich suche nach einer Stelle, an der ich mein Lager errichten kann, und präpariere den Platz. Ich suche Holz zusammen, habe kein Zelt dabei und auch sonst nicht viel. Obwohl der Winter naht, muss ich für die Nacht auf einen leichten Schlafsack zurückgreifen.

In meinem Rucksack befindet sich auch das Essen, auf das ich in dieser Woche bauen werde, sofern mir keine wilden Tiere über den Weg laufen, die ich erlegen kann. Die Armee hat mir Kartoffeln mitgegeben, Möhren, Zwiebeln, einen Brühwürfel. Außerdem habe ich lebende Tiere vorgefunden: Eine Forelle in einem Bottich und einen Hasen im Käfig. Das ist mein Proviant für die nächsten zwei Wochen. Damit muss ich klarkommen. Es ist der Einstieg in eine der anspruchsvollsten Phasen, die man als Soldat hinter sich bringt – solange man nicht im unabsehbaren Gewirr des Ernstfalls landet.

***

Mit der Ausbildung zum Einzelkämpfer begann ich eigentlich viel zu früh, wenn man die üblichen Abläufe bei der Bundeswehr kennt. Einzelkämpfer, das klingt nach Actionfilm, dabei gehört diese Rolle zum Standardrepertoire für alle, die sich in den Kampfeinheiten einen Platz sichern, ob nun bei den Fallschirmjägern oder anderswo. Wer eine Karriere als Unteroffizier anpeilt, für den gehört dieser Teil der Ausbildung dazu. Nur reißen sich die wenigsten darum, an diesen Lehrgängen teilzunehmen, denn sie gehören zum Anspruchsvollsten, was man im Militärischen absolvieren kann. Als ich auf den Einzelkämpfer-Lehrgang Teil eins geschickt wurde, war ich gerade mal 21 Jahre jung, erst zwei Jahre beim Bund und richtig froh, dass es endlich losging. Als Obergefreiter war ich in der Hierarchie noch nicht wirklich weit gekommen, doch ich wollte immer mehr. Das hatten meine Vorgesetzten schon während der Grundausbildung gesehen und gewürdigt. Dafür bin ich bis heute dankbar. Der Spieß eröffnete mir diese Chancen dementsprechend früh. Auch den Einzelkämpferlehrgang Teil zwei absolvierte ich bereits als Unteroffizier. Normalerweise kommt man erst auf diese Stufe, wenn man Feldwebel ist, Leutnant, Oberleutnant oder Fähnrich, also mit einem deutlich höheren Dienstgrad.

An der Wand der Kaserne hängen die Abzeichen, die man beim Bund erringen kann. Eine Erinnerung an die Dienstgrade und Lehrgänge, die Ordnung und das Anreizsystem des Militärs. Die Hierarchie ist klar. Mit großem Interesse schaute ich auf die Abzeichen an den Uniformen der dienstälteren Kolleginnen und Kollegen. Das Einzelkämpfer-Abzeichen hat mich schon in der Anfangszeit bei der Bundeswehr sehr stark begeistert. Es hat sich seither etwas verändert, aber grundsätzlich zeigt es Eichenblätter, eine Eichel und einen grünen Hintergrund. Mich, der schon als Junge in den Bäumen um unseren Hof herumspielte, kletterte und sogar in einer Eiche das Baumhaus errichtet hatte, sprach allein schon die Optik dieses Abzeichens an. Dann erfuhr ich, was dahintersteckte.

Anders als der Name »Einzelkämpfer« andeutet, geht es bei dieser Ausbildung zunächst einmal nicht darum, zu einer Art Rambo zu werden. Manche kennen diese Actionfilm-Figur vielleicht noch, John Rambo, gespielt von Sylvester Stallone. Der muskelbepackte Spezialkämpfer ist in dieser Filmreihe allein in der Lage, es mit sehr viel besser ausgestatteten, großen Gruppen an Kämpfern aufzunehmen. Die Einzelkämpfer-Ausbildung der Bundeswehr zielt nicht auf solche Heldengestalten ab, sondern auf gekonntes Meistern einer unguten Lage in realen Konflikten. Die Einzelkämpfer lernen, wie es gelingt, in einer hinter die feindlichen Linien geratenen, isolierten Gruppe geordnet zu überleben und den Kontakt zu den eigenen Kräften wiederherzustellen. Haben sie diesen zweiteiligen Lehrgang bestanden, sind sie bereit zum Führen einer auf sich gestellten Gruppe. So heißt das im Militärjargon. Der zweite Teil des Lehrgangs geht sogar noch weiter, man wird zum Führer eines Jagdkommandos ausgebildet, lernt Sprengeinsätze und den Nahkampf. Das ist für den Ernstfall sehr relevant, für mich war es zudem enorm verlockend. Ich sagte also ständig, dass ich auf diesen Lehrgang wollte, und dachte: Na ja, wenn die Vorgesetzten das anders sehen, dann werden sie mich schon bremsen. Taten sie nicht. Sie schickten mich deutlich früher hin, als es üblich war.

Solch ein Einzelkämpferlehrgang ist anspruchsvoll. Bei Teil eins gibt es beispielsweise Orientierungsmärsche, denn es geht ja darum, zur eigenen Einheit zurückzufinden – ohne Google Maps, Komfort oder Schilder, wie wir sie aus dem Alltag gewohnt sind. Man muss sich den Weg selbst erarbeiten und erhält etwa nur Kartenausschnitte, auf denen man sich zurechtfinden muss, um die Karte dann von dort aus weiterzuzeichnen. Man muss auch in der Lage sein, Punkt A und Punkt B auf einer Karte so miteinander zu verbinden, dass dieser Weg tatsächlich nutzbar ist. Das bedeutet, das Gelände zu kennen, bevor man diese Linie zeichnet – und dafür hat man nur 60 Sekunden Zeit. Dabei zählt nicht das Gefühl, sondern möglichst große Genauigkeit. Schließlich haben wir einen Kompass, auf dem Marsch-Kompass-Zahlen ablesbar sind. Daher gehört es bei diesen Übungen auch dazu, die Zahlen vom Kompass möglichst genau einzutragen, denn wenn man sich vertut, vertut man sich richtig. Das ist auch mir am Anfang passiert. Einen Orientierungslauf beendete ich so spät, dass ich die Schulnote Fünf bekam. Also brauchte ich eine Eins in der folgenden Nachtorientierung, um den Lehrgang zu bestehen.

Es war November in Bayern, es lag sogar schon Schnee, als ich mich in diesen Teil des Lehrgangs aufmachte. Vorgegeben war eine Strecke von etwa 15 bis 20 Kilometern Länge, auf der ich verschiedene Punkte erreichen musste. Es war zwar bitterkalt, aber ich musste mich wirklich beeilen, um für die herausragende Note in Bestzeit durch dieses eisige Gelände zu kommen. Also zog ich meine Jacke aus, packte sie in meinen Rucksack und rannte, so schnell ich konnte, durch die Dunkelheit. Ich bestand die Nachtübung brillant, war als Erster am Ziel und sicherte mir damit das Weiterkommen.

Der Lehrgang Teil eins ist tough. Teilnehmen reicht nicht. Es geht ums Durchkommen. Man stellt sich sehr anspruchsvollen Hindernisparcours und sogar Nahkampf-Übungen, bei denen es darum geht, jemanden zu entwaffnen. Man muss Verwundete über viele Kilometer transportieren lernen. Im Laufe des Monats, den der Lehrgang dauerte, wurde die Gruppe der Teilnehmer immer kleiner. Anfangs waren wir ungefähr 30, am Ende schloss weniger als die Hälfte den Lehrgang erfolgreich ab.

Eine besondere Woche in dieser Zeit ist die Hungerwoche, die ebenfalls zum Einzelkämpferlehrgang Teil eins gehört. Ohne Proviant schicken sie einen mit den Kameraden auf einen Truppenübungsplatz, um sich immer wieder zu orientieren. Eine vollständig neue, sehr lehrreiche Erfahrung. Es geht auch darum zu lernen, sich im Wald nicht finden zu lassen. Das ist nicht schön, wenn man nichts mehr zu essen hat. Doch wir hatten Glück im Unglück. Ein Ausbilder war mit seinem Wolf – kein Tier, sondern ein Geländewagen – unterwegs und fuhr in einen Graben. Der Wagen überschlug sich halb, aus eigener Kraft kam der Fahrer nicht mehr weiter. Er stieg aus, begutachtete die Lage und entfernte sich, um Hilfe zu holen. Wir beobachteten das, machten uns, sobald der Ausbilder weg war, auf zum Wolf und sammelten aus dem Wagen, was wir an Essbarem finden konnten. Das waren vor allem Schokoladenriegel. Wie gut die schmecken können!

Ansonsten lernten wir in dieser Zeit, wie man gefangene Tiere richtig zubereitet. Mit Fischen hatte ich ja schon meine Erfahrungen und auch hier findet man beispielsweise Forellen, die man verarbeiten muss. Man schlachtet auch Hasen, für viele eine neue Erfahrung, aus meiner Sicht aber elementar für einen Menschen. In einer Hungerwoche hat man keine andere Wahl, da überwindet sich irgendwann jeder. Viele Menschen mögen Tiere, sie finden Hasen süß, das Opfer tut ihnen leid. Da kullern Tränen, das habe ich selbst bei Kameraden gesehen, aber sie wissen, dass es keine andere Möglichkeit gibt. Man schlachtet den Hasen, häutet ihn, macht Feuer, sucht Gemüse oder andere essbare Pflanzen zusammen und kocht dann, so gut es geht, über einem schnell gemachten Feuer eine Suppe. Der Geschmack eines solchen komplett selbst zusammengestellten Essens ist unübertroffen.

Aber es ist eben kein Schlemmerausflug. Bei einer Hungerwoche findet man sehr wenig, überhaupt ist der Einzelkämpferlehrgang so anspruchsvoll für die Körper, dass die Soldaten sehr schnell abnehmen. Und sie stinken. Ich weiß noch, wie es in dem Bus müffelte, der uns am Ende der Hungerwoche eingesammelt hat. In einer reellen Situation hätte uns der Feind wahrscheinlich schon am Gestank ausgemacht und aufgeklärt.

* * *

Zu dieser Art Lehrgang gehören auch Qualen, die man aus dem Leben davor nicht kannte. Das ist enorm lehrreich. Ständig überwindet man sich, geht über Grenzen. Wie groß sind zum Beispiel der Schmerz und die Abneigung dagegen, sich Mitte November nackt auszuziehen, die Kleidung einzupacken und durch einen kalten Fluss zu waten, um die andere Seite zu erreichen – mit einem wasserdicht verpackten Rucksack im Gepäck, über dessen Isolierung man sich erst einmal selbst Gedanken machen muss. All das geschieht mitten im normalen Leben, nebenan liegt eine Landstraße, von der aus die Menschen sehen können, was wir hier treiben. Aber so etwas stört einen nicht mehr, wenn man dabei ist.

Auf diese Weise das Überleben zu lernen war ein großes Geschenk für mich. Zwischendrin, das gebe ich gern zu, gab es aber immer wieder Krisen, trieb mich die Frage nach dem Sinn um. Was tue ich mir an? Was soll das alles? Später, in einem Einsatz, würde man sich diese Frage nicht mehr stellen und es ist gut, dass man sich auf diese Weise auf den Kampf ums Überleben vorbereiten kann. Ich persönlich habe für mein Leben sehr viel mitgenommen aus den beiden Einzelkämpfer-Lehrgängen beim Bund. Das Orientieren im Wald, das Lesen und Nutzen von Karten, den Umgang mit dem Kompass, das Überqueren selbst anspruchsvoller Hindernisse und Gewässer. Eine staatliche Institution vermittelte mir mit großer Autorität ein Set an Fähigkeiten, die ich in meinem späteren Leben als Survival-Experte nicht missen möchte. Auch den Nahkampf haben wir geübt, das Klettern, das Abseilen, das Anlegen von Unterkünften in der freien Natur. Wie gewinne ich Wasser, wenn keines in der Flasche ist? Was mache ich mit dem Baum, der vor mir steht? Wie lege ich ein schützendes Lager an?

***

Der zweite Teil der Einzelkämpferausbildung baut zwar auf dem Wissen des ersten auf, ist aber komplett anders. Mit einem ganzen Zug, also bis zu 40 Leuten, begibt man sich in eine Art richtigen Einsatz, den Jagdkampf. Es geht darum, gegnerische Stellungen oder die Versorgungslinien eines Feindes auszuschalten oder Hinterhalte anzulegen. Zu dieser Simulation von Krieg kommen ständige Prüfungen, die bei der Bundeswehr eigentlich immer dazugehören, damit man weiterkommt. Ein sehr transparentes, faires System mit Theorie und Praxis.

Vorher hatten wir keine Erfahrung in diesen Dingen, die man manchmal in Filmen sieht. Wie stürme ich ein Gebäude und nehme es sicher ein? Wir haben uns aus dem Hubschrauber abgeseilt, sind auf Gebäude gesprungen, hineingestürmt und haben sie geräumt. In anderen Übungen schlägt man sich nachts über weite Distanzen durch, um ein beobachtetes Gebäude zu infiltrieren. Absolut abenteuerlich. Man legt Beobachtungsverstecke an und schleppt dafür erhebliche Mengen Material durch die Gegend.

Ein Beobachtungsversteck anzulegen, bei dem man eine Kreuzung überblickt und dabei selbst nicht entdeckt werden darf, ist eine sehr anspruchsvolle Aufgabe. Es geht darum, einzelne Personen und ihre Bewegungen auszukundschaften, etwa einen Rebellenführer. Anders als die Flussüberquerungen oder langen Märsche kann man so etwas natürlich nicht mitten im zivilen Leben machen, also gab es dafür spezielle Übungsplätze, sogar ganze Dörfer, nur für uns zum Trainieren angelegt. Einmal haben wir eine Stelle ausgemacht, ein bisschen höher als die beobachtete Kreuzung, mit einem Erdwall im Gelände, in den wir uns im wahrsten Sinne eingruben. Vier Stunden lang haben wir mit Schaufeln ein Quadrat gebuddelt und es mit Stöcken, Zweigen und Erdreich abgedeckt. Es blieb nur ein kleines Loch zum Durchschauen. Wir haben vier Tage am Stück in diesem Loch verbracht, mit einem Trupp, also vier Personen. Vier Tage, das bedeutet zwei Mann sind dauerhaft wach und beobachten die Kreuzung und Umgebung, die anderen beiden entspannen. Vier Tage in einem Loch mit vier Personen, das ist eine Durchhalteübung, die für das zivile Leben unvorstellbar qualvoll klingt. Aber man gewöhnt sich dran. Man arbeitet in Vier-Stunden-Schichten, hat irgendwann einen Rhythmus gefunden und hält ihn ein. Keiner verlässt die Grube, nicht mal für Toilettengänge. Will heißen: Man erleichtert sich in Behälter, die man dabeihat.

***

Bei der Bundeswehr geht es als Erstes um Landes- und Bündnisverteidigung. Dennoch öffnet eine Laufbahn, wie ich sie einschlug, den Weg zu vielen internationalen Erfahrungen. Das habe ich an dieser Zeit enorm genossen. Beim zweiten Einzelkämpferlehrgang etwa nahmen nicht nur Kameraden aus Deutschland teil. Er gehörte vielmehr zu den Bündnis-Tätigkeiten im Zuge der NATO-Mitgliedschaft, was auch Soldaten aus anderen Ländern zu unserer Übung nach Bayern führte. Unter den Teilnehmern in Hammelburg fanden sich Leute aus Belgien, Frankreich, Griechenland, Großbritannien und anderen Mitgliedsstaaten. Dieser Austausch war für mich wunderschön. Es ist einfach ein Zusammenkommen, Neugier, Interesse für das, was die Jungs und Mädels von woanders erzählen. Und damit meine ich nicht nur ihren Militärdienst. Voraussetzung für meine Teilnahme an diesen Übungen war deshalb auch ein Englischkurs, den ich in Münster absolvierte. Der Lehrer bei diesem Sprachangebot war enorm motiviert und richtig gut darin, mir in kürzester Zeit beim Verbessern meines Schulenglisch zu helfen, das in der Lehrzeit etwas eingerostet war.

Das Zusammenwirken und Gastieren ist etwas, was das Militär wirklich ausmacht. Wer sich viel auf Lehrgängen bewegt, wer seine Qualifikationen erweitert, kann das nicht nur an deutschen Standorten tun. Ich bin als Fallschirmjäger mit Amerikanern geflogen, mit Briten und Franzosen. Manchmal hatten wir auch Soldaten aus Nicht-NATO-Staaten zu Besuch, etwa aus der Schweiz, die mit uns lernten. Ein kleiner, aber wertvoller Bestandteil, um den Frieden im Blick zu behalten, um zu wissen, worum es bei der Armee eigentlich geht und warum wir Bündnisse haben.

* * *

Der härteste Lehrgang meiner Laufbahn bei der Bundeswehr startet in einem Waldstück in Süddeutschland. Auf das Schlachten und Vorbereiten von Forellen und Hasen bin ich vorbereitet, auf das Ausharren im Gelände auch. Aber ich weiß noch nicht so recht, wie hart die kommenden Wochen werden. Es ist die Anfangsphase zum »Combat Survival with Resistance to Interrogation«-Lehrgang in Pfullendorf, eine Übung, die nur für Spezialkräfte gedacht ist, mit internationalen Teilnehmern und Ausbildern. Es geht darum, das Überleben im Krieg zu trainieren, und zwar für den härtesten annehmbaren Fall. Der Kämpfer ist fast vollständig isoliert und muss mitsamt seiner Geheimnisse vor den zahlenmäßig überlegenen Kräften des Gegners flüchten. Eine Art enorm aufwendiges Räuber-und-Gendarm-Spiel im offenen Gelände, mitten in der Natur, aber auch zwischen der Zivilbevölkerung, die nichts von dem weiß, was hier passiert.

Um überhaupt dabei zu sein, musste ich erst mal einen knackigen Aufnahmetest in Pfullendorf bestehen: Mit 20 Kilogramm Gepäck auf dem Rücken hatte ich eine Strecke von sieben Kilometern zu bewältigen und dafür maximal 52 Minuten Zeit. Natürlich ging ich nicht als Einziger. Die

Übung war international, es waren auch Dänen da, regelrechte Hünen, neben denen ich mir mit meinen 1,86 Meter klein vorkam. Der Test stand am nächsten Tag an, doch die Soldaten aus Dänemark liefen sich im Gelände abends noch ein. Das kam mir fast riskant vor. Am Tag darauf zeigten sie aber, was sie draufhatten. Es ging über einen Bergkamm, hoch und runter, mit Ausrüstung ist das enorm harter Sport. Ich selbst schaffte die Strecke in etwas mehr als 40 Minuten, drei der Norweger waren trotz ihrer Runde am Vorabend schneller als ich – und mein Kumpel Seppo, ein richtig starker Läufer, war mit 38 oder 39 Minuten sogar noch langsamer als zwei von ihnen. Das zeigt, welche Kaliber an diesem Lehrgang teilnahmen.

***

Stell dir vor, du bist im Konflikt, irgendwo auf der Welt, sei es Kongo, Afghanistan oder Libyen – und wurdest von deiner Truppe getrennt. Überall könnten Feinde sein, in deren Hände du nicht geraten willst und nicht geraten solltest, denn das kann nicht nur für dich, sondern auch für deine Einheit und die ganze Armee ein Problem werden. In dieses Szenario entführt einen dieser Lehrgang.

In der Isolationsphase der ersten Tage, allein im Wald, macht man sich »klein und hässlich«. Es geht darum, sich so zu verhalten, dass man nicht gefunden wird. Man entzündet kein großes Feuer, sondern hebt eine kleine Grube aus, um das Holz vorsichtig unten in ihr zu entflammen und die frisch präparierten Tiere und das Gemüse zu kochen. Man muss sich das vorstellen: Den Hasen, der mir gestellt wurde, habe ich zu Trockenfleisch verarbeitet. Ich habe ihm das Fell abgezogen, das Fleisch abgeschnitten und es über dem Feuer getrocknet, sodass ich für die kommende Phase des Lehrgangs etwas zu essen dabeihatte.

Alle zwei Tage kam ein Ausbilder bei mir vorbei und sah nach, wie es mir in meiner Wald-Isolation ging. Noch gut erinnere ich mich an die Worte, die er bei einem wiederholten Besuch sprach. Wenn ich noch eine Woche an diesem Ort bliebe, würde ich mir wohl ein Schloss bauen. So beeindruckt war er von dem Verschlag, den ich mir zusammengetragen hatte. Ich kam mir vor wie in meiner Kindheit, habe es genossen. Die Idee der Isolationsphase ist ja eigentlich, die Teilnehmer bereits auszulaugen. Mir ging es ganz anders: Ich habe Holz gefällt, ein richtig gutes Lager gebaut, mit Stöcken und Ästen verbessert, und zwischendrin die Umgebung erkundet.

* * *

Nach der Isolationsphase, die schon manchen Teilnehmer an die Grenze bringt, folgt die zweite Phase. Wir haben das Einzelstück im Wald verlassen, sind zusammengekommen und stehen vor einem Ausbilder, der eine Verlosung von Buddy-Teams vornimmt. In der zweiten Phase agieren die Teilnehmer in zufällig zusammengestellten Paaren. Die Aufgabe: Einen vorgegebenen Korridor zu durchqueren, ohne hierbei von den feindlichen Kräften oder der Zivilbevölkerung gesehen zu werden. Dieser Korridor ist mehr als 100 Kilometer lang, das Ziel also so weit in eine Richtung entfernt. Aber das ist nicht alles. Für jeden Tag bekommen wir jeweils eine grobe Vorgabe, um das nächste Etappenziel zu erreichen. Diese Phase heißt auch »Run«-Phase, weil man davonläuft. So haben wir etwa 24 Stunden, um verschiedene Distanzen zum jeweiligen Ziel zu überbrücken, ausgestattet nur mit rudimentären Informationen zum Weg, einer handgemalten Karte mit Straßen darauf oder Hochspannungsmasten, die irgendwo auf dem Weg zu finden sind. Mehr weiß man nicht. Der Druck ist immens: Wer das Ziel nach 24 Stunden nicht erreicht, für den ist die Übung beendet. Jetzt kann man sich natürlich fragen, wie ernst wir Soldaten eine solche Mission nehmen, von der wir doch wissen, dass sie ein Training ist. Aber das ist eine Frage, die sich gar nicht mehr stellt, wenn man in diesem Programm steckt. Die Isolationsphase macht etwas mit den Menschen und danach nimmt die Sache eine starke Dynamik an. Wir, zuerst ein Belgier und ich, später ein Kamerad aus Deutschland, sind zu zweit verbunden und müssen der Umwelt trotzen. Das ist ungeheuer stark, zumal ständig irgendwo Gefahren lauern könnten. Für mich fühlte es sich ernst an, wie das echte Leben. Das ist sehr beeindruckend und zeigt auch, wie sinnvoll es ist, Menschen einer aufwendigen Simulation auszusetzen. Wer Situationen nachstellt, lernt dabei und zeigt, wie er im Ernstfall handelt.

Mit dem mir zugelosten Belgier machte ich mich auf den Weg. Leider verletzte er sich schon nach wenigen Tagen, sodass ich einen neuen Partner zugeordnet bekam, einen Fernspäher von der Bundeswehr. Gemeinsam mussten wir entscheiden, welche Strategie und welchen Weg wir wählen würden, um das Ziel für den Tag zu erreichen. Wir krochen durch Tunnel und wateten, die Klamotten ausgezogen, durch Wasser. Wären die Chancen tagsüber besser oder nachts? Die Orientierung im Dunklen ist erheblich schwieriger, vor allem mit sehr wenig Material. Andererseits wurden wir dauerhaft gejagt und auch den Menschen auf der anderen Seite fällt es nachts wesentlich schwerer, die Zielpersonen auszumachen. Gejagt heißt übrigens wirklich gejagt: Nicht nur Trupps waren hinter uns her, mit und ohne Fahrzeuge, sondern auch Soldaten mit Spürhunden und sogar Hubschrauber. Der Marsch führte uns auch in die Nähe von Siedlungen, Orten, Bauernhöfen. Es war verlockend, dort etwas zu essen zu organisieren. Aber es gab ein riesiges Problem: Wenn uns nur ein Bauer, ein Bewohner eines Ortes persönlich getroffen hätte, wäre die Sache sofort beendet worden. Meistens schlugen wir uns nachts durch, bei sehr kalten Temperaturen, oft im Nebel. Wir nutzten, was wir finden konnten. Einmal machte ich im Wald einen Leckstein für Rotwild aus, meißelte das Salz von der Stange und nahm so viel wie möglich mit. Salz fehlte uns nach ein paar Tagen, wir lebten von dem präparierten Trockenfleisch und dem, was wir finden konnten. Auch ein paar verdorrte Äpfel lagen an dieser Station für Wild. Das vergammelte Obst nahmen wir, packten es in einen kleinen Topf und kochten es auf, um es wieder halbwegs genießbar zu machen. Wir schafften es bis zum letzten Ziel. Gut zwei Wochen waren seit Beginn der Isolation im Wald vergangen, zwei Wochen, in denen ich mehr als zehn Kilogramm abgenommen hatte.

***

Nach mehr als zwei harten Wochen im Freien bin ich am Ziel angekommen. Ich fühle mich erleichtert, freue mich auf Erlösung. Es sind die Zielkoordinaten, für die es hieß: »Aufnahme durch eigene Teile!« Das bedeutet: Die eigenen Leute holen einen ab. Sicherheit! Und es wartet tatsächlich ein Auto auf uns. Doch statt von den eigenen Leuten gerettet zu werden, standen mir noch einmal besonders grausame Stunden bevor. Wir bekamen in dem Auto Riegel zu essen, entspannten uns – doch dann erreichten wir einen Checkpoint. Dort wurde eine Geiselnahme inszeniert. Ich bekam einen Sack über den Kopf, man brüllte auf mich ein. Was ich dann erlebte, gehört zum Härtesten, was die Bundeswehr zu bieten hat. Mein Kollege und ich wurden mitgenommen, ruppig behandelt und an einen geheimen Ort gebracht, wo das Verhör anstand. Deshalb heißt dieser Abschnitt auch »Verhörphase«. Ich kann darüber nicht sehr detailliert berichten, denn an dieser Stelle geht es ans Eingemachte, es geht um die Methoden des Geheimdienstes und die Möglichkeiten für Einzelkämpfer, in solchen Situationen standzuhalten. Was ich sagen kann: Ich kam in einen Raum, in dem ich zwei Tage lang völlig ausgeliefert war, ohne zur Ruhe oder zu Schlaf zu kommen. Ich wusste nicht mehr, was mit meinem Kameraden passiert ist, der mit mir zusammen aufgegriffen wurde. Im Hinterkopf hatte ich noch das Gefühl, dass wir das Ziel erreicht hatten ... und musste nun dem Verhör standhalten. Diese Qual dauerte fast zwei Tage und in dieser Zeit reizten die Verhörenden alles aus. Es war wie in einem Filmsetting, nur deutlich professioneller, deutlich geschickter. Briten, Amerikaner und Deutsche wendeten ihre verschiedenen Methoden an. Ich kam nicht zum Schlafen, wurde bedroht und in Stresspositionen gesetzt. Zwei Tage, die mich auf die Probe gestellt haben wie nichts zuvor. Mal musste ich in den Schnee vor die Tür und wurde mit Wasser überschüttet. Mal schrien die Gegner mich an. Es gab das gute alte Schema mit gutem und schlechtem Cop, das mich gefügig machen sollte, doch ich trug ein Geheimnis mit mir, das ich nicht kundgeben durfte. Daran hing für mich alles. Doch die Gegner kannten keine Gnade. In einer solchen Situation, mit all dem Stress der vorigen Wochen in den Knochen, dermaßen ausgelaugt einem solchen Widersacher standzuhalten, das ist unfassbar schwierig. Im Laufe dieser Prozedur wurde ich immer langsamer im Kopf. Ich musste lange stehen, was ermüdet. Ich fühlte, wie mein Widerstand bröckelte, wie der Druck der Gegenseite immer weiterwuchs – und ich hatte auch Angst vor ihren Methoden. Es ist vielleicht wichtig zu ergänzen, dass bei diesen Übungen immer Ärzte zugegen sind, die die Vorgehensweise und den Stresslevel überwachen. Aber auch Methoden, die nach allgemeinem Verständnis nicht rechtswidrig sind, können weit übers Limit gehen. Ich hielt jedoch stand und mein Geheimnis bei mir. An dieser Stelle, nach all dem, was ich durchgemacht hatte, war ich mit dem Kopf mitten im Ernstfall. Auf keinen Fall wollte ich mich brechen lassen.

* * *

Ich bin sehr stolz, dass ich diese Übung bestand und dafür auch eine Urkunde erhielt, die ich aufbewahrt habe, wie alles, was mir aus der Militärzeit wichtig ist. Dieses Erlebnis führte mich an die Grenze. Eine solche Erfahrung verändert die Dimensionen im Leben. Für mich war es sehr wertvoll zu wissen, dass ich auch in einer realen Situation, beispielsweise später in Afghanistan, das Zeug zum Durchkommen und Widerstehen hatte. Ein solcher Lehrgang ist nicht für jeden geeignet, ganz im Gegenteil. Selbst bei der Bundeswehr setzen sich nur die Allerwenigsten dieser Übung aus. Aber etwas ableiten lässt sich aus diesem Weg der einsamen Kämpfer im Feindesland schon. Es ist möglich, Grenzen zu verschieben, in seinem Leben auch mit nicht perfekten Ausgangsbedingungen voranzukommen und Situationen zu meistern, indem man die eigene Zähigkeit und das eigene Denken schult. Das habe ich bei dieser Übung im Extrem gelernt. Dafür bleibe ich dankbar. Spaß gemacht hat es, bei allen Qualen, ebenfalls. Denn sich zu überwinden – das ist doch der größte Spaß im Leben.

Unternehmer auf eigene Faust

Es klingt ein bisschen verrückt, aber ich stand noch im Sold bei der Bundeswehr, als ich bereits meine zweite Berufsausbildung absolvierte - als Azubi in meinem eigenen Unternehmen. Dass es dazu kam, hat wiederum viel mit der internationalen Zusammenarbeit und Vernetzung zu tun, die zu meiner Zeit bei den Streitkräften so wertvoll war. Außerdem hängt die Geschichte meines geschäftlichen Aufstiegs mit Bier zusammen. Bier, das ich meinen Freunden und Bekannten zum Probieren gab. Es schmeckte ihnen nicht, weshalb ich andere Abnehmer suchte. Da fand ich eine Gelegenheit.

***

Auf meinem Weg zum Unteroffizier bei der Bundeswehr hatte ich viel erlebt und geleistet, war deutlich schneller in Übungen, als es mir in meinem Werdegang eigentlich zustand. Trotzdem kam das Leben als Berufssoldat für mich nicht infrage und so stand nach einigen Jahren die Frage im Raum, wie es irgendwann mal weitergehen würde. Als Fallschirmjäger sammelte ich Abzeichen bei Übungen, machte Lehrgänge, bestand viele Prüfungen. Meine Ausbilder hatten mich seit dem Start beim Bund gefördert, was immer sehr hilfreich gewesen war. Doch der rasante Marsch durch die Tests und Prüfungen brachte mich mit Mitte 20 vor neue Fragen. Wie stelle ich mir den weiteren Weg vor?

Eine Möglichkeit bestand darin, den bisher eingeschlagenen Weg auf noch krassere Weise fortzusetzen. Bei der Bundeswehr gibt es eine Einheit, die für besonders schwierige Missionen ausgebildet wird und sich bereithält, um Sondereinsätze im Ausland auszuführen. Das Kommando Spezialkräfte (KSK) ist die Elite der deutschen Armee, besonders gut ausgebildete Soldatinnen und Soldaten, die bereit sind für schwierigste Einsätze unter allen klimatischen Bedingungen. Dort wollte ich als Nächstes hin, ich, der Junge mit dem Baumhaus und der ausgebildete Einzelkämpfer. In meinem Kopf lebten die Bilder von den komplett getarnten, vermummten und mit modernster Ausrüstung bewaffneten Kräften. Einer von ihnen zu werden war für mich eine logische Sache. Also sprach ich gemeinsam mit einem dicken Kumpel, mit dem ich die Stationen bei den Fallschirmjägern zusammen durchlaufen hatte, meinen Spieß an. Der Chef der Kompanie hörte gut zu, war aufgeschlossen, wollte aber keine Illusionen aufkommen lassen. Er würde uns nicht hindern, meinte er, aber die Vorbereitung auf den Aufnahmetest müssten wir in der Freizeit erledigen. Das taten wir, denn wir wussten, dass es sehr schwierig würde.

Die Aufnahmeprüfung zum KSK bestand aus zwei Teilen. Es begann mit einer Art großem Sportfest, das ich nicht als einschüchternd empfand. Es gab auch Computertests. Sehr viele Teilnehmer überstehen diese Schwelle nicht. Ich fand diesen ersten, einwöchigen Teil eigentlich nur angenehm. Ich hatte mich ja nicht nur jahrelang in Form gehalten, sondern auch in der Freizeit immer wieder besondere sportliche Herausforderungen gesucht – war Marathons gelaufen und hatte Märsche über mehrere Tage durchgezogen. Bei der KSK-Aufnahmeprüfung rannte ich sieben Kilometer mit Gepäck und musste schwimmen. Aber auch psychologische Tests gehörten dazu. Wieder ging es darum, dass die Bundeswehr hier nur Kandidaten durchkommen lassen möchte, die charakterlich für diese besonders schwierigen Einsätze geeignet sind. Man sucht keine Action-Helden, sondern reife, widerstandsfähige und vernünftige Persönlichkeiten.

Diese Prüfung zu bestehen ist die Zugangsberechtigung zu dem, was beim KSK als »Höllenwoche« bekannt ist. In dieser wird man auf militärische Härte und Durchhaltevermögen geprüft. Eine Woche Marsch im Schwarzwald, bei der es hoch und runter durchs Gelände geht und man wieder mit sehr wenig Proviant über die Runden kommen muss. Wir sind mehrere Hundert Kilometer in der Woche marschiert, mit bis zu 50 Kilo am Körper. Nach ein paar Tagen stürzte ich bei diesem Marsch. Ich rutschte aus, landete mit dem Knie auf Steinen, es tat sofort höllisch weh. Die Wunde am Bein war erheblich, es blutete stark, wir versorgten mich und verständigten einen Arzt. Als der mich behandelte, sagte er: »Mit dieser Verletzung wirst du diesen Teil der Aufgabe nicht durchstehen.«

Damit wollte ich mich nicht abfinden. Aufgeben, ohne es zu versuchen, ist nicht mein Ding. Also marschierte ich weiter, unter Schmerz und langsamer. Ich musste Belastung rausnehmen, war mir recht sicher, dass ich bei mehr Belastung bleibende Schäden riskieren würde. Das wollte ich keinesfalls. Es war das einzige Mal beim Bund, dass ich eine Prüfung nicht bestand, ja, dass ich sie verletzt abbrechen musste. Ich hatte mir dieses Ziel gesetzt und so zu scheitern war enttäuschend. Aber im Leben gibt es derlei Rückschläge. Stärke bedeutet, damit umzugehen und für andere Szenarien gewappnet zu sein.

***

Da ich nicht freiwillig aufgegeben, sondern der Arzt mich aus dem Rennen genommen hatte, hätte ich noch mal die Chance bekommen, mich für das Kommando Spezialkräfte in Calw zu qualifizieren. Die »Höllenwoche« stand mir weiter offen. Doch ich hatte die Sache schon abgehakt, nachdem ich die Enttäuschung verarbeitet hatte und das Missgeschick samt der Pause nach meiner Verletzung genutzt, um über den weiteren Weg nachzudenken. Es war die Sache mit dem Bier aus Amerika, die mich auf eine neue Laufbahn lenkte, denn in der Zwischenzeit war ich zu einem erfolgreichen Händler geworden. Darauf würde ich mich jetzt stürzen, das wurde mir in dieser Zeit klar.

Doch zurück zum Ursprung. Wie kam es dazu, dass ich neben der Zeit bei der Bundeswehr eine eigene kaufmännische Existenz aufzog? Einen Hang zum Handeln hatte ich schon immer. Ich erinnere mich noch an die Zeiten in meiner Kindheit, als ich den Tierhaltern im Wartezimmer der Praxis meiner Mutter einfach so Pflaumen von unserem Hof zum Verkauf anbot. Meine Eltern haben das immer gefördert. Später war es mit den Fischen so. Und in der Armee hatte ich ständig einen Blick für Gelegenheiten, um den Sold aufzubessern. Einmal, bei einer Übung in England, gab es für uns Soldaten sehr gute Winterjacken viel günstiger als in Deutschland. Sie waren hervorragend isoliert und daheim sicher dreimal so teuer. Ich zögerte nicht, holte alles Geld, was ich bekommen konnte, und kaufte so viel Ware wie möglich. Die Jacken stopfte ich in mein Gepäck und nahm sie mit zu uns in die Kaserne in Zweibrücken. Ich wählte einen Preis, der deutlich niedriger war als bei den Anbietern zu Hause und machte dennoch einen vernünftigen Gewinn. Die Kameraden rissen mir das Material aus der Hand. Auch in Ramstein hatte ich regelmäßig Zugang zu günstiger Ware: Trinkbecher und Rucksäcke, die aus dem Einsatz zurückgelaufen waren. Ich erinnere mich, dass man die Rucksäcke für 80 Euro in deutschen Shops bekam, ich sie bei den Amerikanern für 20 Dollar kaufen konnte – und sie für 40 Euro weitergab.

Für meinen Start als Händler hatte ich dennoch überhaupt keinen Plan. Es war Zufall, ich erkannte einfach nur Gelegenheiten. Daraus ergab sich eine Erkenntnis. Ich nahm häufiger an Übungen der US-amerikanischen Streitkräfte teil, die vom gewaltigen Militärkomplex in Ramstein, also nicht weit von unserer Kaserne in Zweibrücken entfernt, zu ihren Fallschirmsprungübungen abhoben. Die amerikanischen Kameraden waren sehr freundlich und zeigten mir die Sachen in ihrer Kaserne, die es drumherum nicht gab. Es war wie der Besuch in einem anderen Land. Als Gastsoldat hatte ich auch Zugang zu den Supermärkten der US-Truppen und entdeckte dort Lebensmittel, die ich vorher noch nie gesehen hatte. Mich sprach die Erdnussbutter an, die Süßigkeiten sahen spannend aus, vor allem aber auch das Bier. Das musste ich meine Bekannten unbedingt probieren lassen.

Wie das so ist bei Dingen, die im wahrsten Sinne des Wortes Geschmackssache sind – meine Freunde waren nicht begeistert. »Das wird niemand mögen«, meinten sie und brachten mich gerade deshalb auf eine Idee. Wieso etwas, das ich gut finde und entdeckt habe, nur einem winzigen Kreis von Menschen zeigen? Wieso nicht diesen Kreis massiv erweitern und mit den Waren, zu denen ich einen exklusiven Zugang hatte, systematischer Geld verdienen? Sie dort anbieten, wo viele sind, Hunderttausende, etwa bei eBay. So entstand die Idee, mit direkt importierten, in Deutschland sonst nicht erhältlichen Produkten, regelmäßig Geld dazuzuverdienen. Ich setzte mich abends an den Computer in der Kaserne, machte mit einer Kamera Bilder von den gekauften Waren, schnitt diese zurecht und stellte meine Angebote bei eBay rein. Angebote einstellen, Texte pflegen, mit den Käufern kommunizieren, die Waren verschicken, das war reine Handarbeit, aber es hatte offensichtlich Potenzial. Die ersten Artikel, die ich auf diese Weise als Experiment anbot, waren schnell verkauft. Die Gewinnspanne, die ich erzielte, wirkte für mich attraktiv. Also widmete ich diesem kleinen Geschäft, das noch gar kein Gewerbe war, viel Aufmerksamkeit.

Der Anfang gestaltete sich wirklich hart, denn mit eBay verkaufen bedeutete einen großen Zeitaufwand. Der Dienst als Fallschirmjäger war parallel dazu keinen Deut entspannter geworden. Noch dazu stand ich inzwischen in der Verantwortung, führte Gruppen in Übungen. Ich war ein bewährter Soldat, der andere ausbildete. Jeden Abend nach Dienstschluss saß ich am Rechner, beileibe nicht meine Lieblingsposition, setzte einen eigenen Shop auf, pflegte den Warenbestand ein und kümmerte mich um den Versand der eingegangenen Bestellungen. Als mir klar war, dass aus diesem Ansatz wirklich eine echte Handelstätigkeit werden könnte, musste ich eine Genehmigung beantragen. Noch einige Zeit lief das Geschäft über eBay, dann fing ich an, mich mit Webshops zu beschäftigen. Die Sache wuchs. In dieser Zeit setzte ich mich auch damit auseinander, wie ich später wohl Geld verdienen würde. Ich hatte Lehrgänge besucht, mich auf immer schwierigere Herausforderungen eingelassen, hatte mich ausgezeichnet und war ausgezeichnet worden. Aber es wirkte so, als könnte es nicht immer so weitergehen. Die Soldatenzeit war schön, aber es musste noch andere Wege geben, das war mir spätestens nach dem Rückschlag auf dem Weg zu den Spezialkräften klar geworden.

Langsam gestand ich mir ein, dass ich kein Berufssoldat werden wollte. Diese Laufbahn hätte mir noch offengestanden, die Beurteilungen waren sehr gut, der Bedarf gegeben. Aber ich orientierte mich anders. Ich ließ mich noch zum Reserveoffizier weiterbilden, womit ich meine Laufbahn krönte, und ging in den Auslandseinsatz, was für einen Soldaten wie mich sicherlich der wichtigste Zeitraum in seiner militärischen Karriere war. Darüber berichte ich in den folgenden Kapiteln. Aber während dieser Zeit wuchs die Erkenntnis: Ich möchte mich zivil auszeichnen, kaufmännisch und in einem eigenen Unternehmen.

Um eine solche zivile Existenz aufzubauen, bietet die Bundeswehr eine gute Basis. Ich war natürlich im Gespräch mit meinen Vorgesetzten, die ich darüber informierte, dass der Weg für mich nicht weiterführen würde. Wer sich wie ich auf zwölf Jahre verpflichtet, hat effektiv nach zehn Jahren die Möglichkeit, den Dienst zu quittieren. Die Bundeswehr unterstützt Leute wie mich bei der Neuausrichtung. Sie zahlt weiter Sold, wenn man sich auf diesen Weg ins Zivile begibt und hierbei einige Vorgaben erfüllt.

So kam es, dass ich Auszubildender in meinem eigenen Unternehmen wurde. Das hatte ich längst gegründet, weil ich für das Kaufen und Verkaufen mit eigenen Händen und über den Webshop sowohl beim Finanzamt als auch gewerblich gemeldet sein musste. So gut es ging, kümmerte ich mich um die korrekten Abläufe in dieser kleinen Firma.

Ich wollte sie ausbauen. Der Staat half mir dabei. Man könnte sogar sagen, dass er mir eine Art Unternehmensberatung zur Verfügung stellte, die mir sehr schnell und auch langfristig geholfen hat, ein erfolgreiches Geschäft zu verankern. Das lag an den Voraussetzungen für den bezahlten Ausstieg aus dem Bund. Zwei Jahre beziehen die Soldatinnen und Soldaten weiterhin ihren Sold, wenn sie in dieser Zeit zum Ende ihrer Laufbahn eine Umschulung machen, studieren oder sich beruflich ausbilden lassen. Ich hatte schon meinen ersten Beruf gelernt, wollte aber nicht in ihn zurück. Aber eine Lehre zum Kaufmann für Groß- und Außenhandel klang sinnvoll, um das intuitive Wissen mit einer ordentlichen Ausbildung zu verbinden. Es gelang mir, meinen eigenen Einmannbetrieb bei der Berufsgenossenschaft als Ausbildungsbetrieb zertifizieren zu lassen und war somit mein eigener Auszubildender und Ausbilder in einem. Und das war keine Trickserei. Ich nahm es sehr ernst und nutzte diese Zeit intensiv. Da ich nicht mehr schulpflichtig war, besuchte ich keine Berufshochschule, sondern suchte mir selbst Dozenten, die mich für die anstehende Abschlussprüfung vorbereiteten. Ich hatte bereits sehr viel Verständnis für die Praxis und vor allem jede Menge Unterlagen und Vorgänge, mit denen wir praktisch arbeiteten. Zu den Terminen brachte ich meine betriebswirtschaftlichen Auswertungen mit, meinen Jahresabschluss und weitere Buchhaltungsunterlagen. Wir schauten uns meine Einkaufs- und Verkaufsvorgänge an, das Vertragliche und die Gewinnkalkulation. Akribisch gingen wir diese Zahlen durch und ich hatte das Gefühl, auf bestmögliche Weise auf meine Rolle als Unternehmer vorbereitet zu werden. Ich kannte das noch aus der Schule. Auch dort habe ich Wissen, das wirklich einen Bezug zu meinem Leben hat, immer aufgesaugt. Andere, abstraktere Themen fand ich hingegen zum Abschalten. Das ist bis heute so.

***

Ich finde Lernen am effektivsten, wenn ich am eigenen Leib die Erfahrungen mache, wenn ich selbst die Konsequenzen guter oder schlechter Entscheidungen tragen muss. Wahrscheinlich haben mir das meine Eltern mitgegeben. Schon sehr früh habe ich auf eigene Faust gelebt, Verantwortung selbst getragen, vor Entscheidungen nicht so lange jemand anders befragt, bis ich diese Last ein wenig abgegeben hatte. Nein: Ich ging immer meinen eigenen Weg und war dadurch zum Lernen gezwungen. Als ich mit Anfang 20 mit dem Handeln begann, hatte ich von nichts eine Ahnung. Aber ich hatte Mut. Ein paar Jahre später habe ich dann schon versucht, importierte Waren an große Handelsketten weiterzuverkaufen. Doch Mut hin oder her – die Ahnungslosigkeit wuchs. Was wusste ich schon über all die Voraussetzungen, die mit solchen Deals verknüpft waren? Ich musste harte Rückschläge überwinden, aber darauf hatte mich mein Leben und tatsächlich auch meine Ausbildung bei der Bundeswehr sehr gut vorbereitet. Einer dieser Rückschläge war, als der Zoll zum ersten Mal einen Container mit Waren aus den USA festhielt. Beim Zusammenstellen der Waren hatte ich nicht auf die Risiken geachtet, sondern vor allem auf Chancen und Nachfrage. So mussten viele Artikel aus der Lieferung vernichtet werden und aus einem Geschäft wurde in kürzester Zeit ein Verlust. Es ging ums Markenrecht, um Rahmenverträge. Man kann nicht einfach alle denkbaren Waren auf den deutschen oder andere europäische Märkte werfen, bloß weil sie verfügbar sind. Das wurde mir schnell und schmerzvoll bewusst. Aber mich trieb immer eine Einstellung, die bis heute geblieben ist: Das klappt schon, das habe ich jetzt gelernt und beim nächsten Mal mache ich es richtig. So war ich schon immer, aber die Zeit bei der Bundeswehr, die ständigen Lehrgänge und das Lernen unter realen Bedingungen, hat mich hier noch besser vorbereitet. Auch im Beruflichen ist Wachstum entscheidend und Entwicklung nötig, um nicht zu erstarren und von der eigenen Trägheit überholt zu werden.

* * *

Unternehmer zu sein, das war etwas für den Einzelkämpfer in mir. Ich nahm mir drei Wochen Urlaub vom Bund, weil ich mich in den USA auf die Suche nach möglichen Produkten, Lieferanten und Logistik-Partnern machen wollte. Ich hatte keine Termine verabredet, aber viele Adressen recherchiert und dieses Zeitlimit für mich beschlossen, um sinnvolle Absprachen zu treffen. Da kam also der Soldat Ottogerd Karasch aus Deutschland und reiste unangemeldet an die nordamerikanische Ostküste. Ich wählte diese, weil das für die Verschiffung der Produkte sicher einfacher und günstiger ausfallen würde als oben im Norden oder im Westen der USA. Ich war auf der Suche nach klassischen US-Lebensmitteln, die dort viele Leute im Kühlschrank stehen haben, die aber in Europa noch kaum jemand kannte. Der Rahmen für diesen Entdeckungstrip: ein Hinflug nach New York, ein Rückflug von Houston in Texas. Dazwischen war nichts festgelegt.

Auf meiner Tour durch die USA führte ich gute Gespräche. Einer, den ich traf, sagte mir: »Es gibt genau das Unternehmen, was du brauchst, um weiterzukommen.« Es liege in Houston, ein Großhandelsunternehmen mit Zugang zu sehr vielen spannenden Produkten, mit riesigem Lager und umfassenden logistischen Fähigkeiten. Da müsse ich mal vorbeischauen. Das passte, denn nach Houston fuhr ich vor dem Rückflug sowieso. In meiner Wahrnehmung bestand kein Zweifel mehr: Dieses Unternehmen würde mir liefern, was ich benötigte. Ich musste nur hin und mit den Verantwortlichen reden. Dafür brauchte ich aber erst mal eine Gelegenheit, um ins Gespräch zu kommen. Also schickte ich Mails an die Firma in Texas, denn viel Zeit blieb mir nicht mehr. In ein paar Tagen würde ich Amerika wieder verlassen. Ich schilderte mein Ziel. Eine Antwort bekam ich jedoch nicht.

Es geht im Leben auch darum, sich von vermeintlichen Hindernissen nicht abhalten zu lassen. Wenn es unrealistisch wirkt, Absichten oder Wünsche umzusetzen, kann man sich damit abfinden oder eine aktive Haltung einnehmen. Ich darf niemals erwarten, dass mir irgendetwas leicht gemacht wird, dass sich Türen öffnen oder Menschen kooperativ zeigen, nur weil ich mal einen Plan gemacht oder einen Wunsch geäußert habe. Die Realität sieht ganz anders aus. Selbst mit überzeugenden Ideen in der Tasche braucht man viel Überzeugungskunst, viel Durchhaltevermögen und viel Energie, um weiterzukommen. Rückschläge und Schwierigkeiten sind der Normalfall. Sich ihnen zu stellen ist Stärke und Notwendigkeit.

»Hast du einen Termin?«, fragte mich die Assistentin des Managers bei dem Handelsunternehmen in Houston. Ich war einfach im Auto hingefahren und hatte am Empfang nach dem richtigen Ansprechpartner für den Export nach Europa gefragt. Diese Informationen hatte ich. Nun stand ich aber bei der persönlichen Mitarbeiterin von Steven, wie der Mann hieß. »Einen Termin habe ich nicht, weil mir keiner auf meine Mails geantwortet hat«, sagte ich. So ehrlich zu sein war nicht gut. Ich ärgerte mich im selben Moment, denn die Mitarbeiterin ließ mich stehen. Da könne man nichts machen, sagte sie, ohne Termin gäbe es keine Gespräche. Bei den Treffen mit Vertretern anderer Unternehmen in den Wochen zuvor hatte ich das auch ganz anders erlebt. In den USA ist es grundsätzlich viel leichter, mit Leuten in Kontakt zu treten, um über Deals zu sprechen. Aber hier in Houston war es ein anderes Kaliber, ein richtiges Milliardenunternehmen und ich der Soldat mit Nebenjob. Ich ging wieder raus zum Auto, ärgerte mich, war aber noch nicht bereit, geschlagen davonzufahren.

Während ich mir Gedanken zur weiteren Taktik machte, ging es auf Mittag zu. Zwölf Uhr, Zeit für den Lunch. Es war ein wenig glücklich, aber sicher auch Ergebnis meiner Beharrlichkeit, dass ich folgendes Geschehen beobachtete: Die Assistentin, die mir eben eine Abfuhr erteilt hatte, verließ das Gebäude, offenbar, um sich etwas zu essen holen. Ich schaltete sofort. Wenn sie nicht da war, müsste sie jemand vertreten. Ich ging also wieder ins Gebäude und traf tatsächlich eine andere Frau. Der sagte ich: »Ich komme aus Deutschland und habe einen Termin mit Steven.« Sie schaute nach, doch fand nichts im Kalender. Das sei sehr unglücklich, sagte ich, und sie nahm den Hörer in die Hand. Sie klingelte den Manager an. Der wiederum hörte sich an, was ich wollte, und bat mich in sein Büro – der Beginn einer wunderbaren Zusammenarbeit. Steven organsierte mir Markenprodukte, beriet mich zu neuen Ideen und half mit der Logistik. Über die folgenden Jahre wurde er ein sehr wertvoller Partner für mein Unternehmen und damit auch für den Erfolg, den ich verzeichnet habe. Es war richtig von mir, mich nicht abspeisen zu lassen. Daraus lässt sich lernen: Wenn Pläne überzeugen, muss man sie auch konsequent vertreten.

***

Am Anfang lernte ich das Geschäft Container für Container. Es ging damit los, dass viel zu viele Waren in einer Ladung geschickt wurden. Dieses Buch ist nicht der Ort für lange Abhandlungen zu Zoll- und Importbestimmungen, daher nur so viel: Es kann schnell wahnsinnig kompliziert werden. Man kann sehr viel mehr falsch als richtig machen, wenn man ahnungslos Lebensmittel zusammensucht und in Europa vertreiben möchte. Welche Art Schokoriegel hat man da bestellt? Wie viele Gewürze sind im Tomatenketchup? Die Bürokratie ist nichts für Leute, die es sich einfach machen wollen. Die Welt des Zolls bildet eine besondere Sphäre, ein Dickicht, das so gar nichts mit den Herausforderungen zu tun hat, die ich aus meiner Militärlaufbahn kannte und mochte. Wenn es um Markennamen geht oder um Import-Beschränkungen zu einzelnen Ländern, bedeutet das Detailarbeit und sehr viel Kleingedrucktes.

Der erste Container, den ich nach Deutschland schicken ließ, hatte einen Wert von knapp 25 000 Euro. Er war querbeet gefüllt mit Soßen, Schokolade, Bier und vielen anderen Produkten. Ich freute mich und bekam Nachricht vom Hafen in Hamburg. Die Ware sei da, hieß es, aber sie könne nicht ausgehändigt werden. Der Zoll sei fällig, das sei alles nicht korrekt gemeldet. Ich telefonierte hin und her, versuchte, die Sache schnell zu lösen. Doch schnell ging es eben nicht, weil immer neue Probleme und Fragen auftauchten. Währenddessen verlor meine Ladung jede Stunde an Wert, schließlich haben Lebensmittel ein Haltbarkeitsdatum. Da tut Lagern nicht gut. Am Ende erklärte ich mich bereit, für den ganzen Container pauschal den höchsten Zollsatz zu bezahlen, nur um die Sachen in die Hände zu bekommen. Knapp 10 000 Euro entrichtete ich dafür an den Staat. Einen guten Teil davon lieh ich mir sogar von meinem Vater. Sonst hätte ich nicht ins Geschäft einsteigen können.

* * *

Solche Schwierigkeiten dürfen einen Unternehmer nicht abschrecken. Im Gegenteil. Ich freute mich über die Lektion. Von gewissen Waren würde ich künftig die Finger lassen, meine Kalkulation verbessern, meine Gewinnspanne somit attraktiver gestalten. Motiviert war ich, weil die Menschen in Europa die Produkte wirklich schätzten, die ich da organisierte. Auch wenn ich noch beim Bund war, lautete das neue Ziel für mich: Finanzielle Unabhängigkeit dadurch gewinnen, dass ich für meine aufgeschlossenen Kunden immer neue Produkte heranschaffte. Die Sache entwickelte sich sehr schnell. Mit Ende 20 hatte ich einen richtig erfolgreichen Webshop aufgezogen. Es war die Zeit vor Amazons Riesenexpansion und mein Online-Store war damals der größte für solche Lebensmittel in Europa. Ich hatte 300 000 Kunden. Außerdem war ich längst an große Handelsketten herangetreten, hatte Supermärkte bearbeitet und die US-Waren dort erfolgreich ins Sortiment gebracht. In den Geschäften der USA betrieb ich klassische Feldrecherche, hielt die Augen offen nach Produkten, die man in Deutschland nicht kannte. Ich beobachtete, wie die Kunden durch die Regale gingen, was sie wählten und stellte bei jeder Tour eine experimentelle Sammlung von 20 Produkten für den Import zusammen. Immer blieb die Frage: Welche davon werden erfolgreich sein? Vorher konnte ich das nicht wissen. Deshalb war es auch wichtig, nicht nur auf eine Karte zu setzen. Von den 20 Produkten waren unterm Strich meistens zwei gewinnbringend und eines lief einigermaßen. Der Rest kam wieder aus dem Sortiment. Auf diese Weise fand ich aber auch die langfristigen Renner, etwa die beliebteste Grillsoße der USA, von der ich vorher noch nie etwas gehört hatte.

Häufig bin ich direkt zu den Unternehmen gereist, die diese Produkte herstellten. Ich wusste, dass ich als Soldat in Amerika punkten konnte. Dort gab es viel Akzeptanz für Männer und Frauen, die beim Militär dienten, die diese Rolle für ihr Land einnahmen. Davon konnte ich profitieren. So ging es also zu den Herstellern, nicht im Business-Outfit, sondern ganz entspannt. Ich brachte Spezialitäten aus Deutschland mit: Schinken, Schwarzbrot, Bier. In den USA herrscht eine große Kultur der Gastfreundschaft, das hat mir auch geholfen, und so kam ich bei vielen Firmen ins Gespräch. Mit den zuständigen Mitarbeitern erörterte ich, bei welchem Exporteur ich ihre Waren für den deutschen Markt organisieren konnte, denn natürlich verschicken große Lebensmittelunternehmen ihre Packungen nicht selbst, sondern beauftragen dafür Handelsunternehmen. Sie halfen mir oft, mit den richtigen Leuten ins Gespräch zu kommen. Die Markenmanager, die ein milliardenschweres Geschäft machten, erreichte ich offensichtlich mit meinem persönlichen Besuch. Da war einer aus Deutschland, kein Schwätzer, sondern ein Soldat, und er wollte ihr Produkt haben. Gemessen an dem, was diese Unternehmen in den USA verkauften, konnte ich natürlich keine großen Bestellungen absetzen, aber es gelang dennoch, das Interesse zu wecken. Ich denke, das hat mit Authentizität zu tun. Ich war der Unternehmer, der das Geschäft selbst aufzog und dafür die Verantwortung so weit trug, dass ihm auch eine Reise bis zum Hersteller nicht zu mühsam war. So etwas funktioniert. Persönliches Engagement, sich den Menschen zeigen – das bleibt übrigens auch im Digitalzeitalter oft entscheidend.

***

Der Erfolg kam schnell. So schnell, dass ich die Aufgabe nicht länger allein stemmen konnte. Nach Dienstschluss saß ich mit dem Computer in der Stube der Kaserne, kalkulierte, fuhr am Wochenende mit den Kartons zum Paketshop und verschickte die Order. Ich machte nie mehr Feierabend. Während sich die Kameraden am Wochenende im Freibad vergnügten, vertrieb ich Ware. So expandierte ich, holte einen Freund aus der Jugend mit dazu. Erst stellten wir die neuen Lieferungen in seiner Garage ab, doch bald suchten wir uns im Bergischen einen größeren Ort, an dem wir die Ware lagern, umverpacken und weiterversenden konnten. Wir wählten einen alten Hühnerstall in Reichshof im Bergischen Land, den wir umbauten. Von überall sammelten wir Papier und alte Kartonagen. Auch bei der Bundeswehr durfte ich die gebrauchten Materialien mitnehmen. Das war perfekt zum Verpacken und Verschicken. Erst machten wir das selbst, aber schnell stellten wir Mitarbeiter ein. Als ich die Zeit bei der Bundeswehr auch förmlich abgeschlossen hatte und nicht mehr Auszubildender, sondern vollwertiger Geschäftsführer war, wuchsen wir rasant. Bald hatten wir fast 20 Mitarbeiter, aber noch keine 100 Quadratmeter Fläche. Wir erzielten bereits mehrere Millionen Euro Umsätze, hatten Verträge mit Top-Einzelhandelsunternehmen. Es war ein Spiel, das gut lief.

Das Spannende daran, Unternehmer zu sein, ist für mich nicht das Geld. Das verdient man. Das ist hilfreich. Mir ging es aber immer um etwas anderes: darum, auf eigene Faust etwas aufzuziehen, den Plan zu verwirklichen und so lange daran zu arbeiten, bis er funktioniert. Persönlicher Einsatz gepaart mit einem Riecher, mit Durchsetzungswillen und Entscheidungsfreude - das macht für mich den Reiz dieses Lebens als Unternehmer aus. Darin blühe ich auf. Es geht nicht ums Geldzählen. Es geht ums Erkennen von Gelegenheiten. Das gelang mir und uns gut. So gut, dass wir eine neue Halle bauten, als ich mit dem Wehrdienst nach zwölf Jahren auch formell fertig war. Die Firma lief hervorragend, aber ich wollte mich weiterentwickeln. Das merkte ich relativ schnell. Ich wollte nicht mehr auf dem Dorf im Bergischen leben, sondern hatte Lust auf eine Veränderung. So bot ich meinem Freund an, die Hälfte der Firma von mir zu übernehmen. Es sagte zu. Es war ein ordentliches Geschäft, er zahlte mich aus. Den Betrag nenne ich nicht, aber eines kann ich sagen: Es ist erstaunlich, mit wie viel finanzieller Freiheit man in sein drittes Lebensjahrzehnt starten kann.

***

Neue Wege einschlagen, das hält fit. Von US-Junkfood und Grillsoßen kam ich zu Staubsaugerbeuteln. Nun ging es aus der kompletten Selbstständigkeit in die Investment-Welt und somit vom Dorf in die große Stadt. Ein weiterer Sprung in meinem Leben.

Es begann mit einer Kontaktaufnahme. Ein Investor las von uns in einer Zeitschrift der IHK, die uns als Jungunternehmer des Monats vorgestellt hatte. Der Mann fand das sympathisch, hatte uns in unserer eigenen Halle gesehen und begriffen, was wir machten. Er hatte schon erfolgreich ein Unternehmen verkauft und investierte jetzt mit einer Holding in neue Geschäftszweige. Er lud mich zu sich ein, um über mich und eine mögliche Zusammenarbeit zu sprechen.

Worauf ich dort traf, beeindruckte mich. Der Mann wusste, wie Geschäft funktionierte. Er investierte in Start-ups, aber auch in Firmen, die gute Produkte hatten, aber digital noch schwach aufgestellt waren. Im Gespräch hielt ich spontan einen Vortrag über die Möglichkeiten, mit Online-Shops sehr schnell zu wachsen. Schließlich hatte ich das selbst geschafft und wusste somit, wovon ich sprach. Das wirkte. Ich bekam das Angebot, Geschäftsführer einer Firma der Holding zu werden. Dafür musste ich mich finanziell einbringen, also eine Einlage machen. Ziel war es, diese Firma zum Erfolg zu bringen und sie dann gewinnbringend weiterzuverkaufen. Das reizte mich sehr. Eine solche Gelegenheit muss man nutzen, denn ich hatte das Vertrauen in mich, aber auch eine neue Entwicklungsmöglichkeit. Die Zusammenarbeit in dieser Holding bedeutete Austausch mit richtig guten Leuten, mit Mitarbeitern, die früher bei den Top-Unternehmensberatungen Karriere gemacht hatten. Das war wie ein MBA-Studium, nur dass ich dafür nicht an die Hochschule gehen musste. Ich lernte alles in der Praxis und hatte selbst die Verantwortung, meinen Laden zum Erfolg zu führen. Perfekt für den groß gewordenen Jungen, der schon als Teenager nur gut lernte, wenn der Stoff wirklich in Handlung umsetzbar war.

Der Inhalt dieser Handlung, die ganze Welt des Investments, ist in meinem tiefsten Inneren allerdings nicht meine. Das Aufsetzen von Unternehmensprozessen, das Tüfteln an Tabellen, die Arbeit mit Finanzen und komplexen Vertriebsstrukturen, das Aufsetzen von Kundensupport für ein wachsendes Unternehmen – all diese Dinge widerstreben dem, der ich eigentlich bin: dem Jungen, der die Bretter mit eigener Kraft in den Baum hebt, der sich im Wald versteckt, der sich eine Woche allein in der Wildnis aufhält und darunter nicht leidet, sondern dabei aufblüht. Umso wichtiger war es für mich, mich dieser ganz anderen Welt auszusetzen. Ich war, so kann man es sagen, gezwungen, jederzeit transparent zu sein, Bericht zu erstatten, Verantwortung für mein Handeln gegenüber dem Investor zu tragen. Das war wahnsinnig unbequem und wahnsinnig harte Arbeit. Aber ich bin auch hierfür sehr dankbar. Was ich dort gelernt habe, werde ich immer gebrauchen können.

Ich, der eigentlich mit Computern nie etwas zu tun gehabt hatte, war zu einem richtigen Digitalunternehmer geworden. Mit Staubsaugerbeuteln hatte ich mich vorher auch noch nie beschäftigt, hatte aber dennoch eine richtig gute Idee für den digitalen Handel mit dieser Ware. Das Spezial-Unternehmen, in dem ich als Geschäftsführer mitwirkte, handelte mit diesem Produkt, geriet aber sofort in Schieflage. Der zweite Geschäftsführer, zu dem ich damals stieß, hatte aus meiner Sicht einige Fehler gemacht. Er verabschiedete sich aus dem Unternehmen und ich fand mich, ohne an dieser Stelle Details zu erzählen, in einer sehr aussichtslosen Lage wieder. Ich überlegte also mit großem Druck, wie ich aus dieser Lage herauskommen konnte. Vielleicht ließe sich der Hebel bei der Art und Weise ansetzen, *wie* die Kunden kauften. Es war 2013 und ich beobachtete digitale Verhaltensweisen. Wie kauften die Menschen ein, was sie für den Alltag brauchten? Es war die Zeit, als Amazon zur Suchmaschine für den Konsum wurde.

Meine Idee war simpel, ich musste sie nur schnell umsetzen und ausreichend kalkulieren: Wie wäre es, Staubsaugerbeutel als Vorratspackungen digital zu vertreiben – und zwar so, dass die Kunden gegenüber dem sonstigen Handel wirklich sparten? Wie könnte man damit ein Geschäft aufziehen? Als ich mich genauer mit Amazon beschäftigte, hatte ich die entscheidende Idee: Das Unternehmen bietet Partnern an, die Waren zu lagern und direkt zu verschicken. Man stellt also die eigenen Produkte auf deren Plattform und in deren Lager – und der Internet-Gigant übernimmt den Rest, schafft Reichweite, Bestellabwicklung, Bezahlung. Wenn das gut kalkuliert ist, dachte ich mir damals, dann kann man auf diese Weise ein sehr schlankes Geschäft hochziehen.

Wer nicht nur einen Staubsaugerbeutel kauft, sondern gleich drei, der kauft sich auch gewissermaßen Ruhe. Dieses Bedürfnis wollte ich ansprechen. So kaufte ich bei den Herstellern Großpackungen der wichtigsten Beutel, verpackte sie in Dreierkartons um, bekam einen Amazon-Code und schickte die derart neu verpackten Beutel zum Amazon-Logistikzentrum. Durch den Großeinkauf erreichte ich sehr attraktive Preise, durch das Bündel zum Vorteilspreis konnte ich digitale Händler mit üblichen Vorratspackungen unterbieten – und durch Amazon setzte ich auf den schnellsten, verlässlichsten E-Commerce-Prozess, ohne dafür selbst etwas aufbauen zu müssen. Nur das Umverpacken übernahm ich am Anfang tatsächlich selbst, denn ich wollte den Gewinn so groß wie möglich gestalten und war mir dafür nicht zu schade.

Die Firma, die ich plötzlich allein leitete, hatte kein sexy Produkt und zum Zeitpunkt meines Einstiegs fast keine Einnahmen mehr. Aber ich schaffte die Wende. Aus der simplen Idee wurde ein sofortiger Erfolg. Schon nach einem Monat waren wir profitabel und die Umsätze wuchsen. Es war hoch

In unserem Camp verbrachten meine Kameraden und ich während unseres Einsatzes in Afghanistan viele gesellige Stunden.

Im Sandsturm sieht das Camp beinahe aus wie eine Station auf dem Mars.

Doch es gibt auch viel Grün in Afghanistan.

Die Landschaft in Afghanistan ist einfach schön.

Dieses Bild von mir entstand während einer Patrouille bei Tag.

Durch das Nachtsichtgerät kann man meinen Kameraden und mich während einer Nachtpatrouille erkennen.

Nach unserem Absturz in den Kundus ragen nur noch die Räder unseres Wolf-Geländewagens aus dem Wasser heraus.

So sah der Wolf nach der Bergung aus dem Kundus aus. Daran erkennt man, wie viel Glück wir hatten.

Eine Ärztin behandelt unsere Verletzungen noch an Ort und Stelle.

Wir haben überlebt! Kurz nach dem Absturz in den Kundus steht uns der Schock noch ins Gesicht geschrieben.

Der schlimmste Tag meines Lebens: Während der Trauerfeier für meinen Kameraden Mischa trage ich seinen Helm.

Die Kameraden tragen Mischas Sarg. Meine Tränen sieht man auf den Fotos nicht, aber ich habe sehr viele vergossen.

Ein Bild aus besseren Tagen: Es zeigt mich im Gespräch mit meinem Freund und Kameraden Mischa.

Ich werde mit der Einsatzmedaille ausgezeichnet.

In Kanada erwartet mich eine ganz andere Landschaft.

Ich genieße die Ruhe und Weite in Kanada.

35 Kilo trage ich in meinem Rucksack mit mir herum.

Ich lasse den Tag bei einem Lagerfeuer ausklingen.

Bei Eis und Schnee ist Feuer machen schwieriger, als man denkt.

Der »Arctic Warrior«: Ich trainiere, mich aus einem zugefrorenen See selbst zu befreien.

intensive Arbeit und ich mit vollem Einsatz und meiner ganzen Person dabei. Ich wollte hier nicht untergehen, hatte ja auch eigenes Geld in die Firma gesteckt. Also schaffte ich die Wende. Nach nicht einmal zwei Jahren meldete sich ein Käufer bei unserer Holding. Der Deal ging über die Bühne. Ich hatte meine Einlagen wieder, ein Unternehmen erfolgreich verkauft und sehr viel Wissen mitgenommen. In der Holding übernahm ich noch weitere Spezialunternehmen, die rein gar nichts mit meinem eigentlichen Interessenschwerpunkt zu tun hatten. Für einen Online-Kosmetikhandel optimierte ich dank meiner Kontakte zu Logistikern die Kosten derart, dass mehrere 100 000 Euro im Jahr eingespart wurden. Das war nicht möglich, weil ich irgendetwas studiert hätte – es war die Folge einer »Hands on«-Mentalität. Die habe ich auch während dieser Zusammenarbeit mit dekorierten Akademikern nicht abgelegt. Im Gegenteil.

***

Mittlerweile identifiziert man mich als Unternehmer wieder mit US-Food. Das ist amüsant, denn ich selbst trinke kaum Bier, esse sehr wenig Süßigkeiten und auf Junk-Food kann ich gut verzichten. Aber darum geht es gar nicht. Nachdem ich zwei Jahre Wettbewerbsverbot überstanden und so wichtige Erfahrungen in der Holding gesammelt hatte, wollte ich wieder zurück in das Umfeld meines ersten Handelsunternehmens. Ich wusste, dass ich dieses Geschäft beherrschte, hatte die persönlichen Kontakte und wollte damit weiterarbeiten. Also ging ich mit knapp 31 Jahren wieder hin, startete neu und setzte alles auf null und gründete mein heutiges Unternehmen. Ich trat an die einzelnen Firmen heran, zu denen ich noch Verbindungen hatte. Stück für Stück erweiterte ich mein Sortiment. Kunde für Kunde sicherte ich mir neue Absatzkanäle. Das hat sehr gut funktioniert. Es war die Fortschreibung dessen, was ich schon während meiner Zeit als Soldat angefangen hatte. Ich bin stolz auf dieses Unternehmen. So etwas zu haben, aus eigener Kraft aufzubauen und zu bewahren, das gibt meinem Leben Sinn.

»Wieder bei null anfangen«, das bedeutete auch, dass ich mich in eine Halle einmietete und mir einen Logistiker holte. Mit meinem eigenen Geld kaufte ich Ware. Ich packte Container aus und lud die Sachen auf Paletten um. Ich schuf Kontakte zu Handelsunternehmen. So entstand Schritt für Schritt die US Supermarkt GmbH, in der ich selbst der Chef bin.

Unternehmer sein ist mein Leben. Das habe ich erkannt. Die Ausbildung dazu habe ich gemacht, als ich mein eigener Chef war und dennoch im Dienst des Landes stand. Und als Soldat habe ich gelernt, was ich dafür brauche: Disziplin, Denkvermögen und Durchhaltekraft. Dass alles so gut zusammenwirken würde, war nicht planbar. Aber es ist besonders schön, wenn Pläne aufgehen und daraus etwas wird, auf das man im Leben stolz sein kann.

Ernstfall in Afghanistan

Die ersten Tage in Afghanistan waren brutal. Der erste echte Einsatz meines Lebens. Ich war mit meinen Kameraden zwei Tage zuvor am Köln-Bonner Flughafen abgeflogen, nach einem Zwischenstopp in Usbekistan transportierte man uns in den afghanischen Norden. Wir trafen auf einen Hochsommer, wie ich ihn noch nie erlebt hatte. Unser Stützpunkt in Kundus lag auf einem Hochplateau, in einer rauen, kargen Landschaft. Ein ehemaliger Posten der sowjetischen Armee, den die NATO-Truppen für ihre Stationierung nach dem 11. September 2001 umgerüstet hatten. Eine improvisierte Festung mit viel Wellblech, Containern, Holz und Planen. Die Sonne knallte schon morgens auf unsere Zelte, in denen wir Fallschirmjäger untergebracht waren. Auf dem Thermometer schon vor acht Uhr morgens 30 Grad zu lesen war keine Seltenheit, sondern der Normalfall in dieser Jahreszeit.

Als wir das erste Mal unsere Basis verließen, war der größte Feind daher die Sonne. Wir Fallschirmjäger sind gut ausgebildet und deshalb auch gut ausgerüstet, vorbereitet auf viele Situationen und eine lange Zeit im Feld. Deshalb haben wir immer eine Menge Material bei uns. Der Rucksack, den ich an diesen ersten Tagen in Afghanistan trug, wog ganz sicher 25 Kilo – ein von den Übungen vertrautes Gewicht, aber hier, in diesem unwirtlichen Land, eine deutlich größere Last.

Die Eindrücke prasselten auf mich ein, die Sonne knallte auf mich herunter. Wir waren zu Fuß unterwegs, beobachteten die Umgebung, hielten Ausschau nach Menschen und Fahrzeugen, die sich bewegten. Es war der Einstieg in eine Tätigkeit, die wir in den kommenden Monaten zu unserem Job machten. Wir klärten die Gegend auf, besorgten Informationen, versuchten, durch unsere Präsenz Sicherheit herzustellen. Wir spähten nach möglichen Feinden, Attentätern, Hinterhalten und Angriffspositionen. Eine Eskalation war jederzeit möglich, das hatte ich im Hinterkopf. Ich war bewaffnet, bewehrt, mit Granitplatten vor dem Körper und Helm auf dem Kopf. Ich hatte so viel Zeug im Gepäck. Das Funkgerät, Ersatzbatterien, Munition und natürlich meine Waffe – und Wasser, jede Menge Wasser.

Der erste Tag, an dem ich diesen Einsatz in der Realität am eigenen Körper erlebte, hinterließ den stärksten Eindruck. Wie die Sonne, die trockene Hitze, der Staub in Afghanistans Norden mir das Wasser aus dem Körper sogen, wie erschöpft ich mich fühlte, weil es so unerbittlich war. Auf diese erste Patrouille hatte ich zehn Liter Wasser mitgenommen. Ich trank sie unterwegs vollständig aus und musste nicht einmal pinkeln. Am Ende hatte ich immer noch Durst und das Gefühl auszutrocknen. Es war der Einstieg in die härteste Phase meines Lebens, die zugleich die wichtigste war. Das Klima am Hindukusch zeigte mir, dass dies kein Abenteuerurlaub würde, dass ich mich akklimatisieren müsste und gewaltige Anstrengungen vor uns lagen.

* * *

Es war Mitte Juni 2008, als ich mit unserer Kompanie in den Einsatz verlegt wurde. Die Bundeswehr beteiligte sich in dieser Zeit zum ersten Mal am Konzept der sogenannten EU Battle Group, als Teil eines Verbandes, dem in dieser Runde auch Franzosen, Belgier, Spanier und Luxemburger angehörten. Wir waren so etwas wie Feuerwehrleute, abrufbereit und durchgeimpft für den Fall, dass sich die militärische Lage für unsere Truppen in Afghanistan verschlechterte. Und das war in den vorangegangenen Wochen geschehen. Das Lager in Kundus, das die Bundeswehr betrieb, war unter Beschuss geraten. Nicht bloß einmal, sondern regelmäßig. Ursprünglich hatte die deutsche Armee eher friedliche Gebiete in Afghanistan zugewiesen bekommen, was auch an der Struktur der deutschen Streitkräfte lag. Jetzt aber geriet dieser Außenposten zunehmend ins Visier Aufständischer. Immer wieder gab es Raketenangriffe auf den Stützpunkt. Um diese zu unterbinden, rückten wir ein.

Wir bezogen eine Art improvisiertes Lager in der Basis. Als gut ausgebildeter Verband aus Fallschirmjägern nisteten wir uns in Zelten ein, die im Innenhof dieses militärischen Gebildes lagen. Wir hatten kein festes Dach über dem Kopf, aber die Bilder der Raketenangriffe stets vor Augen. Oft waren die Projektile gar nicht explodiert, sondern einfach eingeschlagen - ins Dach der Kantine, in die Außenwände der Basis. Immer wieder hörten wir Luftalarm, dann hatten wir noch ein bisschen Zeit, um uns in die Bunker zu begeben. Unsere Aufklärung war Tag und Nacht damit beschäftigt, solche Attacken zu erkennen und das Lager zu warnen. Meistens trafen die Geschosse daneben. Manche konnten die Kameraden sogar beseitigen, manche erwischten leider ihr Ziel. Das galt es mit verstärkter Präsenz zu unterbinden.

Praktisch bedeutete dieser Auftrag, erst einmal die Umgebung um unsere Basis zu erkunden. Unser Ziel war es, die

Positionen der Aufständischen zu finden, von denen aus sie unseren Stützpunkt angriffen. Das bedeutete, dass wir im Radius um unsere Einrichtung nach möglichen Rampen und Verstecken Ausschau hielten. So eine Mission gestaltet sich in dieser kargen, wüstenartigen Landschaft alles andere als einfach, denn die Raketen starteten nicht von festen Bauwerken. Vielmehr nutzten unsere Feinde oft auch Erdhügel, um von dort aus ihre Angriffe zu setzen. Diese Positionen sollten wir aufspüren und zerstören, damit die Aufständischen dort keinen Unterschlupf für ihre Angriffe mehr finden würden. Mit der Zeit wurde der Beschuss mit Raketen für uns zur Normalität. Ich war sicher mehr als 50-mal dabei, als im Lager der Alarm auslöste. Die Geschosse waren zumeist alles andere als modern, eher Überbleibsel aus alten Beständen der Roten Armee, die zwei Jahrzehnte zuvor in Afghanistan gescheitert war. Wir wiederum hatten ein anderes Material der Sowjets: ihre Karten. Da es im Umfeld von Kundus kaum belastbare Informationen über Wege und natürliche Hindernisse gab, operierten wir mit diesen alten Materialien und versuchten, auf dieser Grundlage die Gegend weiter zu erkunden.

Auch im 21. Jahrhundert gilt trotz aller Hochtechnologie und Satellitenüberwachung immer noch: Es braucht Leute wie uns, die sich rauswagen aus ihrem sicheren Lager. Die in den Sand schreiten und über Steine, die zu Fuß oder mit wendigen Geländewagen Quadratkilometer um Quadratkilometer abarbeiten und schauen, welche Wege unsere schwereren Fahrzeuge nutzen können, wo es bereits gute Wege gibt, wo Gefahren lauern und wie man das Gebiet im Fall von Auseinandersetzungen schnell überbrücken kann. Das bedeutet Aufklärung. Anfangs sind wir tagsüber rausgefahren, trotz höherer Gefahr, und haben nach neuen Dingen gesucht, die noch nicht auf den Karten verzeichnet waren, Wege, Kanäle und so weiter. Kein sonderlich großer Umkreis, anfangs waren es nur zwei, vielleicht drei Kilometer ums Lager, manchmal höchstens zehn. Viel Fleißarbeit, aber auch jederzeit die Gefahr, ins Visier von Attentätern zu geraten. Leider hatte es eine ganze Reihe von Anschlägen und Hinterhalten gegeben, immer wieder gerieten Patrouillen in Gefechte. Deshalb war es für uns lebenswichtig, dass wir nicht nur die Gegend überprüften, sondern auch Menschen kontrollierten, wenn sie uns begegneten. Draußen auf der Hochebene war man zwar nicht weit weg von den anderen Kräften in unserem Stützpunkt, aber das bedeutete keine Sicherheit. Jenseits der Mauern, schon ein paar Kilometer weiter, waren wir auf uns allein gestellt. Denn im Falle eines Gefechts, das würden wir später sehr genau erleben, werden auch nur wenige Hundert Meter oft zu einer sehr langen Reise. Unbedachte, schnelle Aktionen konnten in Afghanistan schwere Unfälle in unwägbarem Gelände oder sogar den Tod im Hinterhalt bedeuten. Das war es, was die Aufständischen provozieren wollten.

***

Wie ist das für einen Soldaten, in einen echten Konflikt auszurücken? Zum ersten Mal im Leben verlässt man das Spiel, die Simulation, die Übung, so hart sie auch gewesen sein mag. Zum ersten Mal fühlt es sich nicht nur so an, sondern ist es auch so, dass echte Feinde einen beseitigen möchten. Die afghanischen Feinde, das kann man verstehen, hatten uns genauso wenig eingeladen wie jene Teile der Bevölkerung, die einfach in Ruhe gelassen werden wollten. Im Laufe der Zeit habe ich das verarbeiten können, habe das akzeptiert und verstanden. Damals, mit Mitte 20, hatte ich eine andere Perspektive. Ich war ehrlich gesagt froh, und darin einer von vielen, dass wir das mühsam Erworbene in der Praxis endlich anwenden durften. Die Ausbildung, die wir hinter uns hatten, die sehr tief verwurzelte Team-Orientierung bei uns Fallschirmjägern, all das sollte im besten Fall auch einem Zweck dienen. Und der Zweck eines Daseins als Soldat ist nun mal der echte Einsatz. Es ist wie bei einem Tischler oder Dachdecker: Sie lernen einen Beruf mit allen möglichen Fähigkeiten, aber richtig los geht es erst in dem Moment, wo dieser Beruf auch umgesetzt wird. Ich kann es schon so sagen: Trotz der Gefahren, trotz der immer neuen Nachrichten von Todesfällen und schweren Zwischenfällen im Einflussgebiet der Bundeswehr haben sich die meisten auf den Einsatz gefreut. Menschen, die nicht beim Militär waren, können das oft nicht verstehen oder nachvollziehen. Wenn eine geklinkerte Mauer steht und der Besitzer die Arbeit lobt, ist das eine Befriedigung für den Handwerker. Wenn eine Truppe in den Einsatz fährt, die Sicherheit der verbündeten Streitkräfte erhöht oder die Stellungen von Feinden ausfindig macht und dafür eine positive Bewertung erhält, dann ist das ebenfalls ein sehr befriedigendes Gefühl. Wer das Gelernte in die Praxis einbringt, freut sich darüber. Ich finde, das gilt für jeden Beruf, den man ernsthaft betreibt. Wer keine Lust hat, das für seinen Beruf Erlernte auch mit ganzer Hingabe anzuwenden, sollte sich lieber etwas anderes suchen.

Sind Soldaten also geil auf Krieg? Ich habe es anders erlebt. In den Übungen der Bundeswehr hatte sich dieser verschworene Haufen Männer die Hörner bereits abgestoßen. Wir waren nicht darauf aus, uns zu profilieren oder unnötige Risiken einzugehen – ganz im Gegenteil. Wir hatten

Verantwortungsbewusstsein erlernt, sowohl füreinander als auch für das Ziel, das wir verfolgten. Es war unser Anliegen, dieser Verantwortung gerecht zu werden und zu prüfen, ob die von uns erlernten Methoden dafür geeignet waren. Wir wollten uns als verantwortungsvolle Soldaten bewähren.

***

Der Abenteurer in mir, der als Kind die Westernromane gelesen hatte und in Bäumen herumgeklettert war, blühte in diesem Umfeld auf. Auch das gehört zur Wahrheit. Ich hatte immer diese Sehnsucht nach Reisen an ferne Orte. In Afghanistan war ich wirklich in der Fremde, wirklich in Gegenden, die man sich in Europa kaum vorstellen kann.

Der Kundus schlängelt sich in einem Tal durch die flache grüne Ebene. Eine beeindruckende Natur, umrandet von gewaltigen sandfarbenen Hängen, Steinmassen und Hügelketten. Der Fluss bildet eine Ader des Lebens in dieser kargen Landschaft, und sein Lauf faszinierte mich immer, wenn ich ihn sah. Er zieht ausladende Kurven und ist schwer zu berechnen. Es gibt kaum Brücken, aber eine lag auf dem Weg von unserem Lager in die Stadt Kundus selbst, etwa eine halbe Stunde Fahrzeit vom Stützpunkt entfernt. Dort war es wuselig, unübersichtlich, gefährlich für uns. Denn obwohl die Natur so karg ist und das Klima so hart, dass es im Sommer eine unerbittliche Hitze und im Winter eine klirrende Kälte schickt, befanden sich überall Menschen. Es wimmelte vor allem von Kindern in einer Anzahl, wie man sich das in Europa kaum vorstellen kann. Sich in diesem Umfeld zu bewegen war für mich einfach ein schönes Gefühl. Ich mag Afghanistan, ich fand es faszinierend und ich könnte mir sehr gut vorstellen, mich dort noch einmal aufzuhalten. Ich verstehe, dass man uns nicht vor Ort haben wollte. Aber das heißt nicht, dass ich etwas gegen dieses Land oder gegen seine Menschen hätte. Im Gegenteil.

Es ist ein Trip in eine vollständig andere Fauna und Flora. Kamele trotzen der Witterung. In der Sandwüste schlagen sich sehr widerstandsfähige Tiere durch, etwa Spinnen, die mich auch in der Erinnerung noch erschrecken. Sie sind eher mit Skorpionen verwandt, handgroß und haben ein gewaltiges Beißwerkzeug, mit dem sie sogar Mäuse fangen und erlegen können. Für den Menschen ist ihr Gift nicht gefährlich, aber sie sehen aus wie aus einem klassischen Horrorfilm. Man trifft Landschildkröten, die Vierzehenschildkröten, die man hierzulande nur aus dem Zoo oder von passionierten Tierhaltern kennt. Sie begegnen einem mitten in der Landschaft, wenn man gerade Patrouille geht. Und dann sind da die Hunde, die an jedem Ort aufkreuzen können. Diese Hunde haben nichts gemein mit den Haustieren in Deutschland, sie sehen zerzaust aus, abgekämpft, oft ausgemergelt und wirken so, als könnten sie jederzeit angreifen. Sie flößen jedem Respekt ein und sollen das auch, denn meistens gehören sie schon jemandem, der sie entweder zum Bewachen eines Hofs oder einer Schafherde abgerichtet hat.

Zu Beginn unseres Einsatzes hatten wir tatsächlich so etwas wie einen Sightseeing-Trip, eine Erkundungstour, bei der wir weit ins Hinterland gefahren sind. Viereinhalb Stunden durch die Gegend, runter zum Fluss. Dort haben wir nach einer Furt gesucht. Genau wie die Bewohner der Region haben wir eine solche Stelle im Gewässer genutzt, um ganz langsam mit dem Fahrzeug auf die andere Seite zu gelangen. Natürlich sind wir nicht im Bus durch die Gegend gefahren, sondern in einem schwer bewaffneten Geländewagen mit montierten Maschinengewehren. Denn eines muss man jederzeit wissen: Feinde beobachteten uns ständig, mischten sich unter die Zivilbevölkerung, bereiteten sich auf Angriffe gerade dort vor, wo wir am verwundbarsten waren. Eine Flussfurt, bei der man sehr langsam und voll exponiert unterwegs ist, bietet eine perfekte Gelegenheit für einen Angriff auf besser bewaffnete und ausgebildete Truppen. Deshalb durchquerten wir solche Stellen natürlich nicht ungesichert. Praktisch war das ein riesiger Aufwand. Auf der einen Seite positionierten sich Teile unserer Einheit und sicherten die Gegend, während ein Wagen durch den Fluss fuhr, danach dann auf der anderen Seite seine Position sicherte und somit die Durchfahrt überwachte. Bei einem Einsatz wie in Afghanistan geht nie etwas »zack, zack«, alles dauert, wird doppelt und dreifach gesichert und immer unter der Berücksichtigung ausgeführt, dass überall und jederzeit eine Falle oder ein Selbstmordattentäter lauern könnten.

***

Dennoch gewöhnte ich mich bald an das, was ich dort erlebte, an die Gefahren, denen ich ausgesetzt war. Die Lage ist bekannt, die Realität lässt sich nicht ausblenden. Es war keine Seltenheit mehr, dass Bundeswehrsoldaten in Kämpfe gerieten, dass wir unter Beschuss lagen, dass auch Kameraden bei Anschlägen und Angriffen verletzt wurden. Aber die Wahrnehmung dieser Gefahr als etwas, das das eigene Denken beherrscht, nimmt relativ schnell ab. Ich fand mich zurecht in dieser Bedrohungslage, auch darauf war ich gut vorbereitet. Ich finde es wichtig, die Gefahr im Verhältnis zur Normalität zu sehen. In jedem Krisenherd der Welt, der nicht gerade Schauplatz eines richtigen Krieges ist, leben die Menschen trotz bekannter Gefahren ihr Leben. Afghanistan ist da nicht anders als beispielsweise große Städte in Mexiko oder Südamerika, wo Drogenkartelle sich bekriegen und Menschen verschleppt oder ermordet werden, ohne dass man den Hintergrund je genau versteht. Die Menschen bleiben, die Kinder gehen weiter zur Schule, das Leben läuft. Die Gefahr, der Tod ist ein Teil dieses Lebens. Und das war auch bei uns in Afghanistan so. Der Mensch stumpft gewissermaßen ab, ohne dabei zwangsläufig unvorsichtig zu werden. Niemand würde es körperlich verkraften, dauerhaft mit einer Stressreaktion oder mit einem Pulsschlag von 170 durch die Gegend zu laufen. Daher verläuft die Gewöhnung an die Gefahr sogar im besten Fall gesund. Für diejenigen, die eine seelische Unterstützung benötigen, bietet die Armee allerdings ebenfalls Hilfe an. Es gibt Anspruch auf psychologische Betreuung nach Feindkontakten oder nach Zwischenfällen mit Verletzten oder Toten. Es ist nicht so, dass man dauerhaft unter Feuer liegt und von Sekunde zu Sekunde außer Atem durch die Gegend kriecht. Man lebt dort, man richtet sich ein und lernt, wie man sich zu bewegen hat.

Wir befanden uns ja auch nicht im Krieg. Eine Tatsache, die für mich hilfreich war. Offiziell waren wir nicht die Feinde der Afghanen, sondern gekommen, um der Zivilbevölkerung zu helfen. So erklärte ich mir den Sinn, so hatten wir den Grund für den Einsatz verstanden. Wir waren in Afghanistan, um zu helfen. Wir waren nicht in der Absicht angereist, Menschen auszulöschen. Diese Perspektive war wichtig, ein Selbstverständnis der Bundeswehr, das auch in Deutschland politisch gegenüber der Bevölkerung vertretbar war. Es stimmt ja auch: Wir halfen dabei, dass Schulen geöffnet blieben, dass Hilfsmittel an die Orte kamen, an denen die Menschen sie brauchten. Menschen, die ansonsten unter den Spuren des Terrors litten. Mittlerweile hat sich meine Sicht auf diese Sache verändert. Mit Mitte 20 hinterfragte ich den Befehl von oben nicht. Der Rahmen war gesetzt. Die Bundeswehr hatte diesen Auftrag und ich war Teil dieser demokratisch legitimierten Armee. Wir wären auch gar nicht in der Lage gewesen, in richtige Kampfeinsätze zu gehen, bei denen dauerhaft geschossen wurde – dafür fehlte der Bundeswehr damals die Kraft, die Ausbildung und die politische Unterstützung. So waren es Briten, Australier und andere, die sich etwa in Helmand aufhielten, wo deutlich intensiver gekämpft wurde. Heute schaue ich aber natürlich auf das, was schlussendlich aus diesem Einsatz geworden ist. Es war kein Fehler, es war unvermeidbar, dass ich dabei war. Aber wenn ich sehe, dass die Taliban das Land wieder kontrollieren, dass Afghanistan zurückgefallen ist und unsere Standards nicht mehr gelten, dann kommen Fragen auf. Fragen, die ich nicht einfach beantworten kann. Sind unsere Leute umsonst gestorben? Das könnte man manchmal fühlen. Andererseits haben wir dabei geholfen, zumindest für anderthalb Jahrzehnte die Stabilität an vielen Orten zu erhöhen, Bildung zu ermöglichen, Strukturen zu erhalten. War das wertlos? Ich bin nicht bereit, es so zu sehen.

Zur Zivilbevölkerung hatten wir durchaus Kontakt, das war ebenfalls Teil unseres Einsatzes. Als leichte, bewegliche Einheit rückten wir auch in Gegenden vor, wo wir viele Menschen trafen. Da ist es ratsam, Beziehungen aufzubauen. So gingen wir in verschiedene Orte, hörten die Sprachen des Landes, erlebten ein buntes Treiben. Es war faszinierend, wie unterschiedlich die Menschen auf uns reagierten. In einem Dorf empfingen sie uns herzlich, gaben uns Essen, unterhielten sich und der Dorfälteste war aufgeschlossen und kooperativ, sodass wir gemeinsame Absprachen treffen konnten. Nur ein paar Kilometer weiter trafen wir auf abweisende Dorfälteste und Menschen, die uns offensichtlich skeptisch oder sogar feindselig gegenübertraten. Jede Ortschaft dort hatte eine eigene Dynamik und Kultur, von der wir einfach rein gar nichts verstanden. Eine Historie, die oft viele Hundert Jahre, es wirkt wie Jahrtausende, zurückreicht. Mit jedem Schritt dort spürt man, dass man ein Fremdkörper ist.

* * *

Ein bisschen fremd fühlte ich mich auch innerhalb der stationierten Bundeswehr-Truppe, und damit war ich nicht allein. Wir Fallschirmjäger waren zum Schutz der Basis angerückt und lebten ein bisschen neben dem, wie die anderen Soldatinnen und Soldaten lebten. Während dieser Zeit habe ich sehr stark erlebt, welche Unterschiede noch einmal zu machen sind, je nachdem, welchem Teil der Streitkräfte man angehört. Nicht nur wir als Fallschirmjäger vertraten eine sehr praxisnahe, flexible, handlungsorientierte Einstellung. Wir waren da, um zu agieren, um auszurücken, um aufzuklären. Auf der anderen Seite erlebten wir sehr stark, wie unflexibel, langsam, zäh und manchmal sogar widerstrebend sich andere Einheiten oder Einzelne aufführten, die doch eigentlich mit uns gemeinsame Sache machen sollten. Ich erlebte am eigenen Leib einen Spalt zwischen denjenigen, die handeln und ins Risiko gehen, und denjenigen, die sich eher hinter Sicherheiten und Vorschriften verstecken. Das hat mich vor viele Proben gestellt und in viele Konflikte gebracht.

Wir mussten schmunzeln, ärgerten uns und rebellierten auch, als wir mit den bürokratischen Vorgaben der Bundeswehr dort draußen im Staub bei Kundus konfrontiert wurden. Ein Höhepunkt war immer wieder die Abnahme unserer Fahrzeuge durch die technischen Sachverständigen. Regelmäßig prüften sie unsere Geländewagen vom Typ Wolf tatsächlich nicht nur auf grobe Einschränkungen, was ich verstanden hätte. Die Dinger müssen ja funktionieren, es geht um Menschenleben. Aber hier wurden Maßstäbe angelegt wie bei deutschen TÜV- und Abgasuntersuchungen. Es hieß: Wenn diese Kampffahrzeuge die Abgasuntersuchung nicht bestehen, müssen sie leider stehen bleiben. Damit kam ich nicht klar. In Kundus sahen wir doch die Lastwagen, Busse und Autos um uns herum, die hier üblicherweise fuhren. Abgasuntersuchung? Es stank zum Himmel! Diese Vorschrift war einfach lächerlich. Ärger hatten wir aber häufiger vor allem wegen unserer Umbauten. Da setzten wir uns jedoch immer wieder über die Vorgaben hinweg. Man muss wissen, wann man starre Regeln bricht, um dem größeren Ziel dienen zu können.

Die Wölfe hatten wir komplett umgebaut. Es gab kein Dach mehr, sondern wir hatten Maschinengewehre montiert, um in beide Richtungen schießen zu können. Die Sitze hinten nahmen wir vom Boden ab, drehten sie und verschraubten sie im Fahrzeug neu. Das Ziel war, dass wir im Sitzen in alle Richtungen schauen und auch schießen konnten. Das war für uns da draußen elementar, denn diese Fahrzeuge bieten so gut wie keinen Schutz, waren aber unsere einzige Wahl. Mit Panzerfahrzeugen wie dem Dingo wäre man nicht auf die kleinen Pfade und in die unbefestigten Landschaften vorgedrungen. Da brauchten wir die Wölfe, und wir brauchten sie so, dass wir mit ihnen arbeiten konnten. Das sah die technische Aufsicht anders. Wenn da jetzt ein Unfall geschehe, wer trage denn dann die Verantwortung – so argumentierte die Bürokratie, die auch in einem Einsatzgebiet sehr mächtig ist. Wir hielten dagegen: Wer sorgt dafür, dass wir, allein da draußen, so sicher wie möglich sind, ohne Unterstützung von schweren Einheiten oder aus der Luft? Wir haben uns deshalb über das Beamtentum hinweggesetzt und das war besser und richtig so.

Als jemand, der eher handelt als verwaltet, geriet ich in Afghanistan immer wieder an meine Grenzen und war damit nicht allein. Es gab die grobe Unterteilung zwischen uns, die wir draußen in Kundus unterwegs waren, wo es weniger Sicherheit gab und weniger Infrastruktur, und dem Hauptquartier, das die Bundeswehr in Masar-i-Sharif bezogen hatte. Wir waren die »Boots on the Ground«, so kann man es sagen, und das macht mich bis heute stolz. Auf der anderen Seite, kam es mir vor, machten die Leute sich oft nicht schmutzig. Es ist nur schwer zu ertragen, wenn man als eine Armee vor Ort ist, aber nur ein kleiner Teil ins Risiko geht und die anderen sich verstecken. So fühlte es sich an und so war es auch vorgegeben. Selbst im Einsatz quillt Verwaltung auf, während es an Leuten mangelt, die auf die Situation im Konflikt vorbereitet sind.

Sogar innerhalb unseres Lagers in Kundus gab es diese Unterscheidung. Einmal war ich verletzt und trug einen Sportanzug, als ich mich im Stützpunkt bewegte. Selbst darüber gab es Reibereien. Die Verletzung hatte ich mir in einem lebensgefährlichen Zwischenfall zugezogen, von dem ich im folgenden Kapitel erzähle. Ich hätte daraufhin auch locker in der Sicherheit von Masar-i-Sharif verweilen oder mich vielleicht sogar nach Deutschland zurückverlegen lassen können. Aber ich wollte bei meinen Jungs bleiben, so schnell wie möglich wieder nach draußen gehen. Ein wenig schonen musste ich mich aber doch. Und dann hörte ich plötzlich in der Kantine des Lagers in Kundus: »Im Sportanzug kommst du hier nicht rein.« Ich war fassungslos. War das ein Kamerad, der mich da zurechtwies, oder ein Paragrafenreiter? Noch bevor ich selbst etwas sagen konnte, wurde ein Kumpel richtig sauer. Er schrie den Führer dieses Bereichs der Basis an, was ihm einfalle. Ich hätte mein Leben riskiert während eines Einsatzes und er sitze hier rum und mache Vorschriften. Ich hätte mein Leben auch für diesen Mann hingehalten und er verweigere mir ernsthaft wegen eines Sportanzugs den Zutritt zur Kantine? Es war laut, es war leidenschaftlich, was mein Kumpel vortrug, und es sprach mir aus der Seele. Auch im Zivilen ist für mich das Verhindernde bei vielen Menschen unerträglich. So baut man doch nichts auf. Aus meiner Sicht ist es wichtig, sich hier zu prüfen: Versteckt man sich hinter Vorschriften oder sorgt man dafür, dass es vorangeht?

* * *

Wir haben uns als Aktivposten verstanden. Das war unser Auftrag, unser Alltag. Was wir nicht vorfanden, schufen wir uns selbst. Ich persönlich machte, was ich immer gemacht hatte. Weil wir in dem Zeltlager im Innenhof des Stützpunktes nicht einmal einen Gesellschaftsraum hatten, beschloss ich, in unserer »Burg« wenigstens ein bisschen Geselligkeit zu ermöglichen. Ich erklärte den Aufbau einer solchen »Betreuungseinrichtung« zu meiner Sache und ging sie an, als ich verletzt war. Wir zogen einen Fallschirm hoch und nutzten ihn als Baldachin, unter dem wir sitzen konnten. Beim Lager versuchte ich, Holz zu bestellen, hätte aber erst

Monate später wieder welches bekommen. Wir saßen also auf Schotter und dachten uns: Ganz schön unbequem, eine Chance, sich eine Theke zu zimmern, oder einen Boden hätten wir schon gern. Also zogen wir irgendwann nachts durch den Stützpunkt und sammelten Materialien zusammen, aus denen wir uns das Mobiliar zusammenbasteln konnten. Ich fand einen alten Kühlschrank, den wir dort hinstellten. Wir pflanzten sogar ein paar Blumen, nachdem wir uns Erde organisiert hatten. Ein solcher Ort, wie schlicht auch immer, war wichtig in dieser Umwelt.

Denn draußen war es hart. Wenn wir rausgingen, hatten wir alles dabei. Wir trugen Nachtsichtgeräte sogar am Tag – wer wusste schon, was passieren würde? Als auf alle Eventualitäten eingestellte Fallschirmjägereinheit erlebten wir auch den Unterschied zu anderen Soldaten, die im Anbetracht der Gefahrenlage das Gelernte nicht umsetzen konnten, die erstarrten oder blockierten und sich insgesamt weniger professionell verhielten, was man ihnen nicht vorwerfen kann. Aber uns machte es das Leben, das Vorankommen schwer. Es bedeutete auch mehr Gefahren.

***

Der Einsatz in Afghanistan, das war ein großes Ungewisses, dem wir uns mit unserem Handwerk und unserem Mut stellten. Ein Beispiel: Eines Nachts unternahmen wir eine große Operation. Es war zu uns durchgesickert, dass Aufständische einen Angriff vorhatten, und wir wollten das unterbinden. Wir waren nicht nur mit unserer Fallschirmjägereinheit draußen, wir hatten Übersetzer mit und Soldaten der afghanischen Armee ANA, bei denen immer die Gefahr bestand, dass sie türmten oder Informationen weitergaben.

Wir mussten damit rechnen, dass die Feinde bereits wussten, was wir vorhatten. In jener Nacht schwärmten unsere Leute aus, um an verschiedenen Stellen Kontrollposten zu errichten. Ich hatte den Auftrag, mit einem Transportpanzer eine Furt zu sichern, die durch den Kundus führte. Es war dunkle Nacht, langsam rollten wir durch den Staub. Schon auf dem Weg dorthin standen wir unter Beschuss. Wir hörten das metallische Klingeln der Projektile auf der Außenwand unseres Transportpanzers. Von drinnen ein sehr mulmiges Gefühl. Man sieht nichts von der Umwelt, weiß aber, dass man unter Beschuss steht. Dass die Feinde einen im Visier haben. Von einer Panzerfaust aus schossen sie auch eine Rakete auf uns. Dieses Gefühl wünsche ich niemandem. Wir hatten tatsächlich Angst, denn einige Zeit vorher hatten wir erfahren, dass die Aufständischen mittlerweile bessere Sprengkörper besaßen: Statt der alten, oft verwitterten russischen Modelle waren nun chemische Sprengköpfe im Einsatz, die erst im Ziel massive Brände auslösen. Das Geschoss verfehlte uns. Wir blieben sitzen, mit Notbeleuchtung und Nachtsichtgeräten, und mussten dem Fahrer sowie dem Kommandeur des Panzers vertrauen, die uns langsam aus der Gefahr ruckelten.

Bevor wir die Furt erreichten, hatten sich die begleitenden Kräfte der afghanischen Armee bereits aus dem Staub gemacht. Für uns kein gutes Zeichen, denn wenn sie Angst hatten, war vielleicht größere Gefahr in Verzug. Als wir die Furt erreichten, suchten wir uns eine sichere Position. Wir hatten Scharfschützen dabei, die sich eingruben. Wir waren gut auf den Auftrag vorbereitet und hatten uns schnell so eingerichtet, dass wir für einen Feindkontakt gewappnet waren. Wir warteten also in der Nacht am Fluss, wir warteten und warteten.

Dann kam über Funk die Nachricht, die mich wie so oft in ganz große Sorge versetzte. Ein guter Kamerad und Freund war mit drei weiteren Soldaten unterwegs und meldete vier Mann, die sie »aufgeklärt« hatten – das heißt, sie hatten sie geortet und damit im Visier. In der Nacht erkannten sie jedoch nicht, ob diese Leute bewaffnet waren. Wir hörten das alles mit. Irgendwann kam die Durchsage: »Ich erkenne Waffen.« Dann der Spruch: »TIC!«, also »troops in contact«. Ein Feuergefecht brach los und ich wusste, mein Freund ist in Lebensgefahr. Er war nur 500 Meter von mir entfernt, aber diese 500 Meter waren in diesem Moment unüberbrückbar. Eine kaum zu ertragende Lage. Wir hatten alles, um die Kameraden zu unterstützen, Manpower und Waffen. Wir hätten schnell reagieren können. Aber militärisch wäre es falsch gewesen. Wir hatten diesen Übergang über den Fluss zu bewachen. Der Feind könnte taktisch vorgehen, uns ablenken wollen, all das war möglich. Deswegen teilt man sich auf, deswegen folgt man ja dem Plan. Aber wenn der Freund, mit dem man schon so lange zusammenlebt, unter Feuer steht, dann ist das ein unerträgliches Gefühl. Die Zeit bei der Bundeswehr in Afghanistan bedeutete für uns Truppen im Einsatz vieler solcher Momente. Es war auch eine Schule fürs Leben.

* * *

Heute sage ich manchmal im Spaß: Was soll eigentlich passieren? Hier in Neuss, in Düsseldorf, auf einer YouTube-Konferenz in Berlin, da schießt niemand auf mich. Niemand muss die Gefahr durchleben, die meine Kameraden und ich erlebt haben – und doch können viele daraus lernen. Wenn ich heute meine Survival-Trips mache oder mich um meine Aufträge kümmere, wenn ich Geschäfte tätige oder mich mit privaten Problemen konfrontiert sehe, habe ich eine sehr entspannte Grundhaltung. Wer in Afghanistan war, wer Sprengsätze explodieren gesehen und in Feuergefechten gesteckt hat, kann das zivile Leben anders einordnen, anders genießen. Ich möchte dazu aufrufen, das jeden Tag zu tun. Erkennen wir, wie entspannt wir sein dürfen, und meckern wir nicht über die kleinen Herausforderungen. Lösen wir sie!

Wenn ein Container von Lieferanten nicht ankommt, stirbt deshalb niemand. Wenn eine Klausur danebengeht, kann man immer noch nachschreiben oder eine andere Lösung finden, um weiterzukommen. Man muss sich arrangieren. Das fällt in den friedlichen Bedingungen, die wir haben, viel leichter als im Einsatz. Denn das eigene Leben ist nicht gefährdet. Daher fände ich es schön, wenn die Menschen um mich herum sich nicht in Krisen ziehen ließen wegen Dingen, die keine existenzielle Bedrohung bedeuten. Packen wir lieber gemeinsam an!

Zwischen Leben und Tod

Der Einsatz in Afghanistan brachte uns alle in die Nähe des Todes. Diese Tatsache war uns stets bewusst, auch wenn wir lernten, mit dieser Realität zu leben. Er führte mich an Grenzen und in Situationen, die sich selbst durch die beste Simulation oder akribischste Schulung nicht nachstellen lassen. Wir waren oft in brisanten Situationen, wir hörten häufig den Funkspruch zum Feindkontakt, wir waren erleichtert, als etwa ein Mirage-Flugzeug der befreundeten Franzosen in den Tiefflug überging und Aufständischen seine Macht präsentierte, wenn unsere Leute attackiert wurden. Aber es gab zwei Situationen, in denen Leben und Tod so nah beieinander waren, dass sie mich bis zum Ende prägen werden. Zwei Vorfälle, die mich als Mensch tief geformt haben.

* * *

Für die Sicherheit des Lagers brachten wir uns selbst in Gefahren. Die lauern aber manchmal ganz woanders, als man sie erwarten würde. Es war einer jener typischen Tage in Afghanistan. Blauer Himmel, ein brüllend heißer Sommer. Die Ärmel unserer Uniformen hatten wir hochgekrempelt, Sonnenbrillen schützten unsere Augen vor dem Staub und dem grellen Licht, das vom hellen Boden zurückgeworfen wurde. Wir waren auf Erkundung, fuhren mit unseren Wolf-

Geländewagen raus. Zuerst ging es noch über eine Hauptstraße durch die Sandwüste in der Hochebene, danach bewegten wir uns auf kleinere Pfade abseits dieser großen Route. Das war unsere Spezialität, unser Job. Nach einigen Stunden im Gelände erreichten wir das Flussufer des Kundus. Kein flaches Tal, das sanft zum Wasser abfällt, sondern vielmehr ein richtiger Steilhang, der Tal und Umgebung trennte. Wir rollten auf einen Pfad, der oben auf der Klippe dem Verlauf des Flusses folgte. Im Konvoi bogen wir auf diesen Weg ein. Man konnte diese Momente sogar genießen, die karge Landschaft, durchbrochen von einem fruchtbaren Tal, das sich schlängelnde Gewässer. Wir fuhren in Richtung eines Dorfs, das nur über diesen Hochweg erreichbar war. Nichts deutete darauf hin, dass wir schon gleich in eine lebensbedrohliche Lage kommen würden.

Man kann sich diesen Weg und seine Lage vielleicht besser vorstellen, wenn man schon einmal an der Mosel war oder an vergleichbaren Flussläufen, wo teilweise sehr steile Hänge das Flussbett und die Landschaft drumherum trennen. Wir waren ungefähr 17 bis 20 Meter oberhalb der Wasseroberfläche unterwegs. Dementsprechend vorsichtig fuhren wir, den Blick stets genau auf der Strecke. Man rast nicht über eine solche Piste, man ruckelt und hält Ausschau nach Feinden und Hindernissen auf dem Weg, nach möglichen Absturzstellen.

Der Blick hinab war wie bei einem Canyon. Links das olivgrüne Wasser des Flusses, der seicht vor sich hin strömte, kein Mensch in Sicht. Am anderen Ufer wuchsen grün blühende Laubbäume in den Fluss hinein, ragten idyllisch über das Wasser. Wir näherten uns einer Kurve im Berg an einer steil abfallenden Wand mit viel Geröll, Stufen im sandfarbenen Hang und Büschen, die aus dem trockenen Gestein wuchsen. Ganz unten war der Fluss mit Schilf umrandet. Ich sagte zu meinem Fahrer: »Du, wenn wir jetzt abschmieren, dann war's das.« Ich sprach das nicht in irgendeiner Vorahnung, sondern einfach unter dem Eindruck dieser erhabenen Landschaft. Und dann passierte es tatsächlich.

Wir hatten unser Fahrzeug gesichert, um den Feindkontakt möglichst gut überstehen zu können, und daher den Wolf mit Granatmaschinenwaffe und Maschinengewehren ausgestattet, montiert an einem Gestänge, für das wir das Dach entfernt hatten. Wie im vorherigen Kapitel erwähnt ein großes Ärgernis für die technischen Sachverständigen, für uns als rollendes Ziel aber eine Lebensversicherung. An diesem Tag aber konnte es gut sein, dass diese Sonderanfertigung unsere Lebensgefahr provozierte, denn das Fahrzeug hatte einen deutlich vergrößerten Schwerpunkt in der Mitte. Das Gewicht drückte gewissermaßen über alle vier Räder in die Mitte nach unten, die Last verteilte sich zentraler ... und die Erde brach unter uns weg. Wir erwischten eine Art Scholle aus Gestein, sie löste sich aus dem Weg, brach nach links weg und riss uns damit den Boden unter den Rädern weg. Das Fahrzeug kippte und wir stürzten kopfüber in das Flusstal.

Dieses Gefühl wird mich immer verfolgen. Vom einen auf den anderen Moment dreht sich alles, erst sitze ich wie immer und mache meine Arbeit, eine Sekunde später habe ich keinen Halt mehr und stürze kopfüber und orientierungslos ins Tal. Meine Kameraden stürzen ebenfalls aus dem Fahrzeug, das vom Weg abgekommen ist und sich einmal kopfüber dreht, ehe es gemeinsam mit uns nach unten rast – auf die Oberfläche des grünen Flusses zu. Es gibt ein Bild dieses Moments. Ein Kamerad hat es vom Fahrzeug hinter uns im Konvoi geschossen, als er eigentlich den friedlichen Augenblick in dieser faszinierenden Landschaft festhalten wollte. Das Foto hätte daheim in Deutschland sicher für eine Schlagzeile in den Nachrichten sorgen können. *»Drei Bundeswehrsoldaten im Einsatz getötet!«* Das lag in der Luft, als wir in den Kundus stürzten. Auf dem Bild sieht man die Staubwolke und das Loch in dem Höhenweg, wo eben noch wir gefahren waren, nicht uns und den Wolf, aber es ist klar, dass wir hier stürzen. Die Spur auf dem Weg ist noch zu sehen. Es hätte unsere letzte sein können.

Zum Glück, das kann man so sagen, gilt in manchen Fällen nicht die deutsche Ordnung. Vermutlich hätten wir uns auch in unserem Geländewagen anschnallen müssen. Aber das taten wir nicht, denn es schränkte in der Praxis unseren Bewegungsradius zu sehr ein. In diesem Fall war es unser Glück, denn so waren wir im freien Fall nicht mit dem Auto verbunden. Wären wir angeschnallt gewesen, hätten wir den Sturz ins Wasser wohl kaum überlebt.

An den Sturz selbst habe ich keine Erinnerungen. Es war zu viel an Eindrücken, dafür hat man keine Vorbereitung, das überfordert alle Sinne. Ich erinnere mich aber sehr genau an dem Moment unter Wasser. Ich bin eingeschlagen im Fluss und sicher ein paar Meter unter der Oberfläche. Ich sehe nichts, fühle aber den Boden unter mir. Zum Schutz vor Projektilen trage ich an der Brust und am Rücken Platten, die mich jetzt nach unten ziehen. Ich stoße mich vom Boden ab, mit aller Kraft, und kämpfe mich an die Wasseroberfläche. Der Fluss, der von oben so friedlich aussah, hat eine ordentliche Strömung und für mein erstes Ziel muss ich gar nicht nachdenken. Ein Urprogramm springt in mir an, auf das ich mich körperlich gut vorbereitet habe. Trotz der durchnässten Kleidung und des ganzen Gewichts am Körper, schwimme ich so schnell wie ich kann dem Ufer entgegen. Ich habe viel Sport gemacht beim Bund, zu meinem

Training gehörte ebenso wie bei den Kameraden auch das Schwimmen. Wir hatten noch gescherzt, dass man diese Fähigkeiten in der afghanischen Wüste wohl kaum brauchen würde. Aber hier, in diesem Moment, half sie mir. Ich entdeckte einen Kameraden neben mir im Wasser. Ich schwamm zu ihm hin und griff ihn, denn er konnte nicht so gut schwimmen wie ich, zog ihn mit mir. Am Ufer wuchtete ich ihn an Land und machte den Check, den ich gelernt habe. War irgendwas an mir gebrochen? Gab es größere Wunden? Ich fand nur eine Platzwunde an der Hüfte – halb so schlimm. Über das Funkgerät in meiner Uniform setzte ich einen Notruf ab. Dann schaltete ich in den Einzelkämpfer-Modus.

Wir waren jetzt am Ufer unterhalb des Kamms, auf dem unsere Kameraden im Konvoi haltgemacht hatten. Es war sicher noch keine Minute vergangen nach dem Moment, als die Scholle sich aus dem Weg gelöst hatte. Alle mussten sich sortieren. Ein Kamerad kauerte jetzt neben mir am Ufer, der andere war auf die gegenüberliegende Seite des Flusses geschwommen. Mehr war nicht klar. Es gab keinen Austausch mit den anderen, die dort oben erst noch reagieren mussten. Ich sah, dass die anderen aus dem Fahrzeug sich ans Ufer gerettet hatten. Gut. Aber dann schaute ich noch mal ins Wasser und sah, wo der Wolf eingeschlagen war. Die Räder ragten nach oben und ich erkannte das nächste Problem. Wo war meine Waffe? Was trieb da im Fluss? Das Fahrzeug und sein Inhalt waren nicht nur abgestürzt, sondern unser Material befand sich in der Strömung und drohte somit, in die Hände der Feinde zu geraten. Ich stürzte mich wieder ins Wasser, schwamm zum anderen Ufer und sichtete die Lage.

Weil ich sah, dass viele Sachen aus unserem Gerät tatsächlich an der Wasseroberfläche trieben, nahm ich das Duell mit dem Fluss auf. Ich entdeckte Nachtsichtgeräte, Fernmeldegeräte und unsere Rucksäcke, die sich mit dem Wasser bewegten. Auf keinen Fall wollte ich akzeptieren, dass dieses Material abhandenkommt oder bei einem bevorstehenden Angriff der Aufständischen unsere Sicherheit gefährdete. Überhaupt ist es stets zu vermeiden, dass militärisches Material in die Hände von Widersachern gelangt. Noch dazu waren aus den Sachen womöglich Informationen über unseren Einsatz ableitbar oder über uns persönlich. Deshalb schaltete ich in einen kompromisslosen Modus und warf die Schutzplatten ab, um mich schneller bewegen zu können. Normalerweise geht der Schutz der eigenen Person vor, aber hier hatte ich eine andere Priorität. Das Aufgewicht hätte mich deutlich langsamer gemacht. Ich war vollgepumpt mit Adrenalin, achtete gar nicht darauf, ob mir beim Sturz etwas zugestoßen war. Ich rannte mit dem Fluss um die Wette. Es waren schätzungsweise 200 oder 300 Meter, die ich auf diese Weise vorankam. Dann begegnete ich einem Vater und seinem Sohn. Ihre Blicke vergesse ich nie. Sie schauten mich an wie eine Erscheinung aus der Fantasie. Die beiden hüteten eine Schafherde, sie gingen ihrem Leben nach, als plötzlich dieser nasse Soldat in Tarnkleidung auf sie zu gerannt kam. Ein Stückchen weiter spielten ein paar kleine Kinder am Fluss. Sie sahen, dass ich mich nach den Gegenständen streckte, und ohne groß kommunizieren zu müssen, schlossen sie sich mir an. Ein fantastischer Moment. Die kleinen Jungs und ich gingen immer wieder in den Fluss, fischten, was wir fangen konnten, und sammelten das Material am Ufer. Auf diese Weise verhinderten wir einen riesigen Schaden. Für sie war es ein Spiel, ein Abenteuer, wie es für mich als kleinen Jungen eins gewesen wäre. Wie lange das ging, kann ich nicht genau sagen. Aber irgendwann kam eines unserer Fahrzeuge unten am Ufer an, es hatte den Weg zu uns gefunden. Die Besatzung stieg aus und sammelte mit mir die gesicherten Materialien ein. Wir dankten den afghanischen Jungs, dann begann die mühsame Aufarbeitung des Unfalls.

Von oben auf dem Weg hatten die Kameraden ein Seil ausgeworfen und den Soldaten, der mit mir ans Ufer gekommen war, zu sich hochgezogen. Sie überwachten die Absturzstelle. Das Fahrzeug, das zu mir gekommen war, nahm mich mit nach oben zu den anderen. Dort befanden sich die beiden Kameraden aus dem Wagen schon in medizinischer Behandlung, der Sanitäter hatte Infusionen angebracht. Es stellte sich heraus, dass der Sturz beide härter getroffen hatte als mich.

Was dann geschah, gehört leider auch zur Realität solcher Einsätze. Es sind Ereignisse, die einen Soldaten im Feld sprachlos machen können. Der Notruf war abgesetzt, aber in der Zentrale schien man die Information falsch aufgefasst zu haben. Dass da ein eigenes Fahrzeug abgestürzt war und zwei Kameraden schwer verletzt, rief keine gesteigerte Reaktion hervor. Ein Hilferuf an die anderen Truppen mit dem schweren Gerät bei uns im Lager führte zu einer Reaktion, aber auf dem Weg zu uns fuhren sie sich mit ihren Fahrzeugen fest. Viereinhalb Stunden lang saßen wir auf der Stelle, 270 Minuten, mit zwei unter Schmerz stehenden Kameraden, und auch ich spürte plötzlich, wie der Schmerz durch meinen Körper zog. Unten an der Unfallstelle kamen derweil immer mehr Schaulustige zusammen, eine Menschenmenge bildete sich um unser Fahrzeug. Eine Situation, wie sie niemand auf einer Mission gebrauchen kann. Unsere Leute sicherten die Unfallstelle, sie verlegten sich ans Ufer und zückten ihre Waffen, um den bald Hunderten Menschen um sich herum zu zeigen, dass sie auf Abstand bleiben sollten. Eine hochbrisante Lage, denn in genau solche Situationen mischen sich immer wieder Selbstmordattentäter. Wir saßen auf dem Präsentierteller und keine Unterstützung kam durch. Am Funk hatte unser Sanitäter nachdrücklich versucht, die Lage klarzumachen, zu erklären, dass es keinen kleinen Unfall mit Einheimischen gegeben hatte, sondern tatsächlich etwas Schlimmeres passiert war. Dann, endlich, kam der Hubschrauber in Sicht. Aber so eine Maschine ist schwer und braucht Platz. Die Crew nahm mehrere Anläufe, um einen sicheren Spot zum Landen zu finden - mitten im Flussbett. Eine Ärztin schaute sich die Verletzungen noch am Ort an. Die Kameraden sammelten unsere Materialien zusammen, dann kamen wir drei Verwundeten in den Helikopter und flogen ins Krankenhaus. Sechs Stunden nach unserem Absturz waren wir endlich in Sicherheit.

***

Es gibt Absurditäten, über die man nur den Kopf schüttelt, wenn man solche Grenzerfahrungen gemacht hat. In Masar-i-Sharif erlebte ich jede Menge davon. Während wir draußen völlig auf uns allein gestellt waren, rannten hier gefühlt Hunderte von Menschen um mich herum. Schon auf dem Rollfeld, wo wir aus dem Hubschrauber transportiert wurden, wunderte mich das. Im Hospital kam ich zuerst in die Röhre und die Ärzte untersuchten, ob ich größere Schäden hatte. Ich trug immer noch die Kleidung, mit der ich abgestürzt und im Wasser gelandet war. Ich war voller Dreck. Nach der Untersuchung, die nichts Schlimmeres ergab, kam ich in ein Krankenhauszimmer. Man bot mir an, mit einem Handy einen Anruf nach Hause zu tätigen, doch ich wollte erst mal duschen, denn der Dreck am Körper war unerträglich. Ich wollte mich sauber fühlen. Als ich zurückkam, war das Handy weg. Die Chance für diesen Anruf, so bekam ich zu verstehen, hatte ich leider nicht genutzt. Ein Ablauf, an den ich mich hätte halten müssen, um meine Eltern zu informieren, dass es mir gut ging. Es fühlte sich unheimlich unpassend an. Aber bitte: dann eben kein Anruf. Man lernt, sich mit solch absurden Dingen dennoch abzufinden.

* * *

Die beiden Kameraden, mit denen ich abgestürzt war, litten an inneren Blutungen. Sie bekamen eine erste Versorgung, ehe einer von ihnen nach Deutschland zurücktransportiert wurde. Ich selbst hatte eine milde Gehirnerschütterung, ein paar Prellungen, nichts, was mich dauerhaft aus der Bahn warf. Dennoch fragten mich die Mediziner, ob ich auch nach Hause verlegt werden wollte. Das wäre sicher gegangen, Grund genug gab es dafür. Aber ich wollte das auf keinen Fall. Ich wollte zurück zu meinen Fallschirmjäger-Kameraden. Drei Tage blieb ich in Masar-i-Sharif, dann hatte ich genug vom »sicheren« Leben im Camp Marmal.

Zurück in Kundus kümmerte sich der Arzt darum, dass ich auch psychologische Unterstützung bekam. Das war für mich ein wirklicher Höhepunkt in dieser Zeit. Mir war es wohl gar nicht so bewusst, aber die psychologische Nachbearbeitung einer solchen Situation ist enorm wichtig. Der Truppenpsychologe besprach mit mir noch einmal, was geschehen war. Wir ordneten es ein. Es ging ums Verarbeiten von Gefahren, von Unfällen und Situationen, die ein Risiko in sich bergen. Es ging darum zu verhindern, dass sich negative Gedanken verankerten, für die es keinen Anlass gab. Wir sprachen über den Motorradunfall, den ich als junger

Soldat gehabt hatte, damit mir klar wurde: So etwas passiert nicht nur im Einsatz, sondern ist als Risiko immer Teil des Lebens. Wir arbeiteten daran, dass ich weitermachen konnte, ohne einen mentalen Schaden davonzutragen. Ich finde, dass das gut gelang. Ich zog mir meinen Sportanzug an und lebte mich wieder ins Lagerdasein ein.

***

Meine größte Auszeichnung und der allerschlimmste Tag, den ich in meinem Leben durchgemacht habe, hängen untrennbar zusammen. Es war August 2008 und wir hatten eigentlich eine entspannte Mission. Unser Auftrag war es, einen Spezialisten für Psyops zu Gesprächen mit der lokalen Bevölkerung in ein Dorf einer anderen Region zu bringen. Psyops steht als Kürzel für »Psychological Operations«, also psychologische Kriegsführung. In Konflikten geht es schließlich nicht nur um Waffengewalt, sondern auch darum, Informationen zu erhalten und Kontakte zu beeinflussen. Die Psyops dienten damals dafür, das Vertrauen der Bevölkerung in Orten zu gewinnen und somit auch die Machtbasis der Aufständischen zu schmälern. Es müssen nicht immer krasse Methoden sein, mit denen das geschieht. Es kann auch sein, dass der Dorfälteste ein krankes Kind vorstellt und die Streitkräfte ihm dabei helfen, diese persönliche Krise zu lösen. Daraus erwachsen positive Beziehungen. Die Details zum Ziel unserer Mission an jenem Tag darf ich nicht verraten. Unser militärischer Job war es, den Spezialisten und einen Sprachmittler in das Dorf zu bringen, wo er Gespräche führen sollte. Unsere Fallschirmjägereinheit war für die Patrouille zuständig, die für den sicheren Transport sorgen sollte. Mischa, ein Kamerad aus der Niederauerbach-Kaserne in

Zweibrücken, mit dem ich im Laufe der Jahre als Freund eng zusammengewachsen war, übernahm das Kommando. Ich hatte die stellvertretende Führung dieses militärischen Verbands inne. Mischa war ein Kölsche Jung, wir hatten nicht nur Übungen zusammen gemacht, sondern uns freiwillig auf viele Wettbewerbe, Märsche und Sonderprüfungen eingelassen und teilten die gleichen Leidenschaften. So machten wir uns auf den Weg in die Berge.

Wir waren ungefähr 35 Leute, von uns als mobilen Kämpfern über die Transportgäste bis hin zu den mobilen Ärzten, die mit uns kamen. Bevor ein solcher Verband sich in Bewegung setzt, steht akribische Vorbereitung an. Morgens früh trafen wir uns in der schon heißen Luft auf dem Hof des Stützpunkts, einer Art Exerzierplatz. Die Fahrzeuge standen bereits da, Mischa erteilte die Befehle. Mit allen und jedem ist einzeln zu klären, was auf der Mission passiert und was er oder sie zu tun hat. Wir erläuterten noch mal den Auftrag und die zu erwartende Dauer. Wir besprachen, was im Fall von Angriffen zu tun sei, welche Rettungswege es gab und wo wir im Notfall Landemöglichkeiten für den Helikopter sahen. Unterstützt wurden wir von den Analysten, die das Risikopotenzial in der Umgebung beschrieben und uns entsprechende Informationen übermittelt hatten. Allerdings bringen diese Informationen nicht immer das Gefühl, besser vorbereitet zu sein, denn sie machen deutlich, dass sich dieser Verband in Gefahr begibt. Dann heißt es beispielsweise: »Achtung, mit Anschlägen ist zu rechnen, vermutlich droht Gefahr von einem silbernen Corolla.« Klingt sehr genau, doch damals fuhren speziell von diesem Fahrzeugmodell in Afghanistan Hunderte herum.

* * *

Manchmal laufen Sachen zu perfekt. Die Dinge rollen, man kommt voran, alles scheint einfach zu sein. Oft wird erst im Nachhinein klar, dass es sich bei einem solch scheinbar reibungslosen Weg nicht um eine glückliche Fügung handelt, sondern dahinter Gegner stecken. Gegner, deren Aktivitäten einen in die Falle führen. Dinge sprechen sich herum in Sprachen, die wir nicht verstehen, und unter Menschen, zu denen wir keinen Zugang haben. Sie wissen, was wir nicht wissen. Aber warnen – das werden sie uns nicht. Auf diesen Einsatz hatten wir Fallschirmjäger uns gefreut. Er brachte Abwechslung. Sonst waren wir ja vor allem mit dem Erkunden und Aufklären beschäftigt, im Umkreis unserer Basis. Nun hatten wir eine echte Mission, die uns an einen Ort führte, den wir nicht kannten. Wir waren darauf eingestellt, den gesamten Tag unterwegs zu sein. Wir fuhren auf der besprochenen Route und erlebten keinerlei Kontakt zu verdächtigen Personen. Völlig freie Fahrt. Heute denke ich oft: Das hätte uns stutzig machen müssen.

* * *

Wir machten es an diesem Tag, wie wir es immer machten, um sicher zu sein. Das erste Fahrzeug, in dem Mischa saß, fuhr langsam über diesen Übergang. Soldaten begleiteten den Wolf zu Fuß, Schritt für Schritt schauten sie, ob unter der kleinen Brücke womöglich etwas deponiert war. Man muss enorm aufmerksam sein in diesen Situationen. Gefahr lässt sich auch an Steinhügeln erkennen, die neben dem Wegrand aufgeschüttet sind, denn diese Hügel dienen Heckenschützen als Zielmarke. Wer sie passiert und sich genau in der Schusslinie befindet, hat keine Chance. Also sicherten die Leute vor uns die Position, standen auf der anderen Seite des Übergangs und überwachten das Brücklein. Da nichts passierte, zogen wir nach.

Später erreichten wir ein breites Flussbett. Es war dieselbe Gefahr, nur mit deutlich größerer Sichtbarkeit. Wieder sicherte Mischa mit seinen Leuten den Übergang und wartete auf der anderen Seite. Fahrzeug für Fahrzeug zog unsere Kolonne nach. Gegenseitige Sicherung bedeutet: Man kommt kaum voran, rollt auf die nächste Position, beobachtet und wartet darauf, dass es weitergeht. Der Führer eines solchen Verbands muss in diesen Situationen genau befehlen, wer was zu tun hat. Ein komplexer Vorgang, für den es im Zivilleben keine Entsprechung gibt. Lediglich bei Notfalleinsätzen von Polizei und Feuerwehr besteht eine ähnliche Notwendigkeit, in lebensgefährlichen Lagen geduldig dem Schema zu folgen, obwohl drumherum alles nach Hektik schreit.

Hinter dem Flussübergang lag eine 90-Grad-Kurve, danach führte die Straße von einem Waldstück weg. Wir wussten, dass dahinter ein offenes Feld lag, über das wir wiederum eine Ortschaft erreichen würden. Unsere Aufklärung hatte uns gesagt, dass wir aus weiter Entfernung zu sehen wären - auf den Feldern wuchsen lediglich niedrigstehende Kürbisse und Melonen. Es ging also weiter. Wir rechneten damit, dass es auf dem Feldweg gefährlich werden könnte. Mischas Wagen fuhr mit ihm und drei Kameraden los, in die Kurve, bloß zehn oder 15 Meter vor mir.

* * *

Eine Explosion reißt den Menschen raus aus allem. Sie stoppt alle Gedanken, alle Erinnerungen. Von jetzt auf gleich ist alles weg, die Orientierung, die Aufmerksamkeit auf das, was eben gerade noch der Plan war. Sie ist gewaltig, sie erschüttert alles. Bis vor wenigen Sekunden war ich noch konzentriert, aber nicht in Anspannung. Das geht überhaupt nicht, wenn man acht, neun, zehn Stunden unterwegs ist. Man muss auf sein Können, seine Routine vertrauen.

15 Meter vor mir rollt der Wagen mit Mischa in die Kurve. Es blitzt, der Boden reißt auf, eine Detonation schleudert den Wolf in die Höhe, Erde, Staub, Metall und Gestein. Nichts ist mehr Routine, die Explosion erzeugt einen Reset. Angst schießt ein, Schmerz, die Ohren dröhnen. Kurz ist man orientierungslos. Der Boden vor uns ist aufgerissen. Es dauert Sekunden, mehr nicht, aber sie brennen sich auf ewig ein. Dann übernimmt der Soldat in einem, der trainierte Kämpfer. Die Bestandsaufnahme ist klar. Mischas Wolf war explodiert, das Fahrzeug vor uns durch die Luft geschleudert, man hatte die Teile fliegen sehen, die Erde und Steine, schließlich das beschädigte Fahrzeug. Der Knall hallt noch in meinen Ohren. Vor uns bewegt sich nichts mehr. Was war geschehen? Das weiß ich nicht genau. Aber unser Verband steht nun hier, aufgereiht als mögliche Zielscheibe für einen tödlichen Hinterhalt. Ich schaue mir den Weg noch mal genauer an, die Kurve, die Bäume am Rand, das offene Feld, das hinter der Kurve liegt. Die perfekte Position für Feinde, die sich unbemerkt verschanzen.

Der Soldat Ottogerd Karasch, Feldwebel und stellvertretender Führer dieser Patrouille, erkannte in diesem Moment, was der Mensch Otto nicht wahrhaben wollte. Dort vorn war gerade sein Freund Opfer eines Angriffs geworden, in einer Detonation so gewaltig, dass nur das Schlimmste zu erwarten war. Für den Soldaten bedeutete dies: Die Befehlskette musste sofort angepasst werden. Der Soldat Ottogerd Karasch, also der über Jahre ausgebildete und dekorierte Funktionsträger in mir, war jetzt in der bestimmenden Position. Es ging um das Leben von 35 Menschen.

Verantwortung zu übernehmen ist im Leben wichtig und wenn es ums nackte Überleben geht, unausweichlich. Ich beschloss, die Lage möglichst genau zu sortieren. Den Schützen in den Fahrzeugen hinter mir befahl ich, mir Deckung zu geben und auf alles, was sich bewegte, oder alles, was schießen würde, sofort zurückzufeuern. Für einen aufgereihten Konvoi gibt es nicht viele Möglichkeiten, in einer solchen Situation zu agieren. Genau gesagt sind es drei. Man kann versuchen, durch »Vorwärts Marsch!« die Stelle so schnell wie möglich zu verlassen. Man kann stehen bleiben und die Lage aussitzen. Oder man ruft »Rückwärts Marsch«. Das war meine Entscheidung. Ich war der Überzeugung, dass dieser Explosion weitere folgen würden, dass wir vermutlich unter Beschuss gerieten, wenn wir versuchten, vorwärts aus der Lage zu entkommen. Den Befehl gab ich also durch – und dann wurde es noch viel komplizierter. Es ist ja schon schwierig, in einer Einbahnstraße eine Reihe normaler Autofahrer dazu zu bringen, geordnet und unfallfrei im Rückwärtsgang auf die nächste Hauptstraße zurückzusetzen. Wenn aber ein ganzer Konvoi mit mehr als 15 Militärfahrzeugen in Bedrohungslage ein solches Manöver durchführen muss, dauert das quälend lange. Es sind unvorstellbare Momente für jeden Menschen, der diese Situation nicht erlebt hat, auch für mich.

Langsam rollten wir zurück und entfernten uns dadurch aber auch, Meter für Meter, von Mischa, meinem Freund,

und seinen drei Kameraden. Ich musste davon ausgehen, dass sie gestorben waren. Aber zurücklassen konnte ich sie auch nicht, das war klar.

* * *

Die Entscheidung zum »Rückwärts Marsch!« sollte richtig gewesen sein und wir hatten sogar noch Glück. Im Nachhinein stellte sich nämlich heraus, dass wir in einen Hinterhalt geraten waren, der darauf angelegt gewesen war, alle unsere Leute auszulöschen. Im Boden hatten die Taliban-Kämpfer nicht nur den einen Sprengsatz verbuddelt, der unser Führungsfahrzeug in Teile gerissen hatte, sondern noch viele weitere IED, also »improvised explosive devices«. Sprengsätze, die häufig aus zusammengebastelten Restbeständen alter Kriege montiert werden, etwa Überbleibseln der Munition aus Zeiten des sowjetischen Einmarschs. Sie werden aus der Ferne gezündet, mit einem Kabel im Boden. Die Sprengladung auf unserer Route war eigentlich perfekt angelegt. Sie hätte am hintersten Teil unserer Kolonne einen zweiten Schaden verursacht und uns so zwischen zwei gesprengten Fahrzeugen in die Falle gezwungen. Wir erfuhren auch, dass die Aufständischen sich mit vielen Kräften hinter der Kurve verschanzt hatten. Wer immer die Flucht aus dieser katastrophalen Lage geschafft hätte – er wäre ihnen direkt vor die Maschinengewehre gefahren. Wieso der andere Sprengsatz nicht hochging, weiß ich nicht. Es war eine alte Methode, eine Bombe zu zünden, mit langem Draht und elektrischem Impuls. Alt, aber sicher, denn Funkzündern konnten wir mit unserer Technik das Signal sperren und ferngezündete IEDs unwirksam machen. In diesem Fall muss eine Panne bei den Aufständischen noch mehr Opfer auf unserer Seite verhindert haben.

* * *

Diese Situation hat viele an ihre Grenze gebracht. Ich hatte den Rückmarsch befohlen, doch das Fahrzeug hinter uns blieb einfach stehen. Es war der geschützte Transporter, in dem unsere Passagiere für die Psyops-Mission reisten. Ich sah, dass der Fahrer wie erstarrt dasaß, regungslos. Ich funkte: »Los, los, los.« Aber es passierte nichts. Daraufhin brüllte ich meinen Fahrer an: »Rückwärtsgang, fahr gegen den Transporter!« Wir setzten zurück und rammten den Wagen hinter uns. Nicht sehr schnell, aber es war ein Schubser. Und genau der rüttelte den Fahrer aus seiner Situation. Er setzte zurück. Der Konvoi kam in Bewegung. Dann nahmen wir eine sichere Position ein. Sobald wir uns so aufgebaut hatten, dass wir einen Angriff überstehen würden, checkte ich die Lage. Gab es Verletzte in den anderen Fahrzeugen oder gar Tote? War irgendetwas zerstört worden bei dem Angriff? Vor uns auf dem Weg lag Staub in der Luft, noch immer von der Explosion und auch von unserem geballten Rückwärtsgang. Seit der Explosion waren vielleicht eine Minute und dreißig Sekunden vergangen. Ich hatte die Führung übernommen und funkte: »TIC – troops in contact.«

Anschließend waren die nächsten Kameraden in unserem Konvoi überfordert. Das Hauptziel bestand nun darin, eine Rundumsicherung zu etablieren. Ich funkte zum Arzttrupp, der uns in einem eigenen Fahrzeug begleitete – bestehend aus einem voll ausgebildeten Arzt und einem Rettungsassistenten. Sie sollten nach vorn fahren, aber niemand reagierte. Ich funkte erneut, dass wir mit ihrer Unterstützung zu den Soldaten müssten, doch es passierte einfach nichts. Ich beharrte, aber die Mediziner aus unserem Konvoi sagten: »Wir kommen nicht.«

Im Einsatz gibt es keinen Platz für Diskussionen. Hier aber weigerten sich die Leute einfach, ihre Rolle zu erfüllen. Nein, solange geschossen werde, würden sie sich nicht in Gefahr begeben, hieß es über Funk. Eine Situation, die mich bis heute fassungslos macht. Andererseits habe ich in Afghanistan immer wieder gesehen, dass Menschen im Ernstfall einfach an sich selbst scheitern können. Viele von uns hatten hervorragendes Training und auch einige Elemente der Ausbildung hinter sich gebracht, die Mischa und ich gemacht hatten. Sie waren also theoretisch vorbereitet. Aber als es tatsächlich knallte, sah ich immer wieder Menschen, die versteinert wirkten. Fälle, in denen die Kameraden einfach nicht so handeln konnten, wie sie es sollten, wollten und eigentlich auch mussten. Ich weiß, dass viele an diesen Situationen sehr leiden, und es kann sein, dass sie diese Überforderung für lange Zeit als eigenes Versagen mit sich herumschleppen. Eine unheimlich große Last fürs Leben. Ich bin dankbar, dass ich nicht in eine solche Blockade geraten bin.

***

Ich handelte. Es ging um unsere Leute. Unsere Kolonne stand weniger als 200 Meter vom Ort der Explosion entfernt, der Weg dorthin war allerdings gut zu planen. Ich wählte die Böschung am Flussufer, denn ich fürchtete, auf der Straße ein laufendes Ziel zu werden. Ich nahm einen Kameraden mit, der sich mit mir zusammen als Sicherung den Hang entlangbewegte. Als Führender führt man in solchen Situationen in der Bundeswehr von vorn. Das bedeutet, die Lage selbst zu erfassen. Möglichst geräuschlos bewegten wir uns über Stock und Stein, durchs Gras und hinter den Bäumen entlang. So kamen wir in Sichtweite zur Explosionsstelle, waren vielleicht 25 Meter entfernt. Ich war fest davon ausgegangen, dass alle vier Kameraden bei dem Anschlag gefallen waren, doch zwei von unseren Jungs kamen mir entgegen. Ich rief sie zu mir und machte einen kleinen »Sweep«, was bedeutet, ich stellte ihnen Fragen, schaute ihnen in die Augen, verschaffte mir einen Eindruck. Auch einen »Blood Sweep« gibt es: Hierbei streicht man die Körper der Leute mit der Hand ab. Bleiben irgendwo größere Blutspuren auf der Hand, ist das ein Zeichen für ein größeres Problem. Bei beiden war aber nichts zu finden.

Der Staub lag immer noch in der Luft. Ich schickte die beiden nach hinten zum Konvoi, damit der Arzt sich um sie kümmern konnte. Ich war erstaunt. Wo die Explosion den Boden aufgerissen hatte, fand ich nur noch einen riesigen Krater vor. Der Wolf lag etwa zehn Meter weiter vorn, mit einer solchen Wucht hatte die Bombe unser Team mitgerissen. Einige Teile des Fahrzeugs fanden die Kameraden später bei der Aufarbeitung sogar in mehr als 100 Metern Entfernung.

Ich schaute genauer hin. Es waren also noch 30 Meter und ich sah die Umrisse eines weiteren Soldaten. Das war nicht Mischa, das merkte ich sofort an seinem Umriss, das haben Soldaten trotz der Uniform drauf. Wir sind so viel zusammen unterwegs, wir erkennen diese Muster wie die der engsten Angehörigen. Ich sah, dass dieser Kamerad kniete – und erkannte auch, dass er sich über den Körper meines Freundes beugte.

Ich rannte über die Böschung vor, mit dem Kameraden als Sicherung. Wir erreichten den Wagen und ich handelte sofort. Mit dem zweiten Soldaten aus dem Wolf zog ich

Mischa vom Weg, aus dem möglichen Sichtfeld der Feinde. Ich war jetzt derjenige, der sich um den schwer verletzten Freund kümmerte. Ich machte mir ein Bild, es sind Details, die ich hier nicht weiter beschreiben möchte - auch und gerade im Wunsch, die Hinterbliebenen von Mischa zu schützen, ihr Leid nicht wieder zu erhöhen.

Wenige Stunden später wurde Mischa im Feldlager für tot erklärt. Nicht nur ich erlebte eine vollständige Leere. Ich konnte nicht fassen, dass es wahr war. Hätte ich etwas anders machen und Mischa retten können? Ich musste etwas tun, um die Situation zu beherrschen, um ihm gerecht zu werden. Wir hielten eine Ehrenwache bei uns im Stützpunkt Kundus, wo Mischas Sarg in einem Container lagerte. Für uns war seine Geschichte da noch nicht zu Ende. Mir war klar, dass ich Mischas Leichnam mit nach Deutschland verbringen würde. Es gab sogar Fotos in den Medien, auf denen ich Mischas Helm halte, während der in Folie verpackte Sarg getragen wird. Meine Tränen sieht man auf den Bildern nicht, aber ich habe sehr viele vergossen. Ich flog mit dem Sarg nach Usbekistan, wo es in den weiteren Flieger nach Deutschland ging, traf auf jene Kameraden, die nach dem Anschlag ins Krankenhaus in Masar-i-Sharif gekommen waren. Ein Psychologe wollte unbedingt bei uns bleiben, aber wir bestanden darauf, unter uns zu sein. Wir wollten untereinander besprechen, was wir erlebt hatten und wie es uns ging. In Deutschland übernahmen Sargträger Mischas verpackten Leichnam. Ich sah seine Familie, seine Verlobte. Ihr Anblick war schwer zu ertragen. Wir fuhren nach Zweibrücken, es gab eine Trauerfeier in der Kirche. Es war ein bewegendes, ein wichtiges Fest. Seither kommen wir immer wieder zusammen, auch mit Mischas Angehörigen, um seiner zu gedenken.

Ich hätte in Deutschland bleiben können. Ich nutzte auch die Situation, um auf Missstände aufmerksam zu machen. Ich konnte meinen Frust kundtun, dass es solch einen Spalt gab zwischen dem Lager in Kundus und der Zentrale in Masar-i-Sharif. Ich klagte, welche Unterstützung uns da draußen im Feld fehlte, wie schwerfällig alles war. Und ich sprach mit vielen Leuten, die sagten: »Otto, das war doch schwer genug, bleib jetzt zu Hause.« Aber nein, das ging nicht. Ich setzte mich wieder ins Flugzeug nach Afghanistan, denn alles andere hätte sich wie Verrat angefühlt, an den Kameraden dort, an der gemeinsamen Mission und auch an all dem, was unsere Leute geopfert hatten.

***

Der Tag des Anschlags ist der einschneidendste Tag in meinem Leben. Ein sehr guter Freund ist gestorben. Hätte ich das verhindern, hätten wir anders handeln können? Fragen, die mich nachts immer wieder vom Schlafen abgehalten haben. Ich bin aber auch dankbar dafür, dass es diesen Tag gab. Das muss ich dringend erklären: Natürlich würde ich alles sofort eintauschen, wenn Mischa wieder zu uns zurückkäme. Aber ich erkenne, wie es mich für den Rest meines Lebens geformt hat, diese extreme Ausnahmesituation überlebt und meine Aufgabe angenommen zu haben, um mehr Menschen zu retten.

Ich habe eine tiefe Dankbarkeit mitgenommen aus diesem Tag. Ich bin dankbar dafür, in welch einem großartigen Land ich lebe. Ich bin dankbar für die Ausbildung in unserer Armee, für das Teamwork und den Zusammenhalt in unserer Einheit. Jedes Jahr treffen wir uns zu Mischas Todestag mit seiner Familie, wir gedenken gemeinsam und erleben dabei auch etwas, was das Leben ganz besonders macht. Diese Grenzerfahrung war diejenige, die mich innerlich am meisten geformt hat.

Dankbar bin ich auch, dass ich für meine Leistung ausgezeichnet wurde. Als Folge dieses belastenden Tages, an dem ich die Führungsrolle übernehmen musste, habe ich das Ehrenkreuz in Gold bekommen. Eine besondere Ehre, denn eigentlich geht das erst nach 20 Jahren. Aber in Afghanistan, gerade an jenem traurigen Tag, handelte ich so, wie sich die Streitkräfte das von ihren Leuten erhoffen. »Als Ersthelfer nach dem tödlichen Anschlag auf Ihre Kameraden führten Sie trotz Konfrontation mit Tod und Verwundung eine vorbildliche Erstversorgung durch und zeigten in dieser Situation eine herausragende Führerleistung.« Mit diesen Worten begründete das Militär eine Sonderzahlung. Das Geld war nicht wichtig, aber die Anerkennung bewegt mich bis heute.

Profisport? Warum eigentlich nicht?

Mit 30 Jahren startete ich noch mal neu. Ich hatte keine Erfahrung, keine Ahnung und keine Lobby. Aber ich wagte mich an ein ganz anderes Abenteuer, das so gar nichts mit meinem bisherigen Leben zu tun hatte – ich setzte mir das Ziel, im Leistungssport durchzustarten. Dieser Antrieb kam wahrlich wie aus dem Nichts. Ich wollte American Footballer werden. Also wagte ich mich auch an diese Challenge, in der Gewissheit, dass ich mich von einem einmal gesetzten Ziel nicht so schnell abbringen lasse. Gerade Herausforderungen, die mich in eine ganz neue Umgebung, in eine ganz neue Logik führen, machen das Leben für mich lebenswert. Sie zeigen, dass der Mensch sich dauerhaft entwickeln, steigern und nach Höherem streben kann. American Football ist das ideale Ökosystem gewesen, in dem ich diesen Charakterzug voll ausleben konnte.

Als mein 30. Geburtstag hinter mir lag, hatte es bereits einige Ottos gegeben. Ich war das Akademikerkind vom Land, das vor allem zwischen Bäumen spielte. Ich war der Lehrling, der einen seltenen Beruf erlernt und mit Fischdeals sein Gehalt verbessert hatte. Ich war der Fallschirmjäger, der sich unter extremen Bedingungen bewiesen und den Tod seines besten Freundes miterlebt hatte. Ich war ein erfolgreicher Unternehmer, der ein ganz neues Geschäft aufgezogen und erfolgreich verkauft hatte. Ich war jemand, der am Beginn seines vierten Lebensjahrzehnts auf weit mehr Wendungen und Selbsterarbeitetes stolz sein konnte, als man das erwarten darf. Ich führte ein erfülltes Leben. Aber in mir brannte die Lust, wieder etwas Neues auszuprobieren.

Ich wohnte in Köln, ganz in der Nähe des Stadions, in dem der 1. FC Köln seine Heimspiele hat. Damals arbeitete ich für die Holding, in der ich mit Ideen und Einsatz ein digitales Staubsaugerbeutelgeschäft hochgezogen hatte. Ich war beruflich erfolgreich und erlebte, dass das auch honoriert wurde. Ich verdiente gut, es ging mir gut. Ein ganz anderes Leben als das, was ich vier Jahre vorher in Afghanistan geführt hatte. Es mag ein wenig verwunderlich klingen, aber ich hatte das Gefühl, dass ich diesem Leben dennoch etwas hinzufügen musste. Beruflicher Einsatz, private Treffen und ein genussvoller Alltag in einer Großstadt, das war wunderbar. Aber ich wollte mich anders beweisen. Mir war aufgefallen, dass das Kölner American-Football-Team, die Falcons, auf der Vorwiese des Stadions immer sein Training absolvierte. Weiter darüber nachgedacht hatte ich nicht, hörte aber von einem Freund, dass man sich bei den Falcons zum Probetraining anmelden konnte. Die Idee überzeugte mich schlagartig. Da musste ich hin. Also stellte ich mich bei den Falcons vor. Ich biss an. Der Verein stellte mir eine Ausrüstung fürs erste Training: Polster für die Beine und Arme, den Panzer für den Oberkörper, den Helm, der aus individuellen Athleten Teile eines durchnummerierten Kollektivs macht. Ich genoss es, diese Uniform überzuziehen und das Gefühl aufzusaugen, in einer eigenen Welt zu landen.

Als Zuschauer hatte mich American Football schon lange vorher fasziniert. Viele Jahre früher hatte ich mir die Spiele häufig im Fernsehen angeschaut. Auch wenn ich sonst kein übermäßiger Sportfan war und kaum die News aus der Fußball-Bundesliga konsumierte wie die meisten meiner Bekannten – der Football war etwas anderes. Mich begeisterte diese Mischung aus Dynamik und Ordnung. Die große Football-Welle schlug erst später in Deutschland auf, aber ich hatte schon als Jugendlicher öfter die Spiele aus den USA gesehen. Bei allem Spektakel und Bombast drumherum blieb Football für mich im Herzen ein ehrlicher Sport. Das ist bis heute so geblieben. Gern hätte ich schon früher damit angefangen, hatte in den Jahren beim Bund öfter mal den Gedanken. Aber es wäre nicht möglich und vermutlich auch nicht gestattet gewesen, diesen körperlich fordernden und auch mit Verletzungen zusammenhängenden Sport neben dem Dienst als Fallschirmjäger zu betreiben.

Als ich zum Probetraining bei den Falcons antrat, begab ich mich also in eine zugleich bekannte und doch komplett unbekannte Situation. Klar, ich kannte die Regeln und wusste, wie das Spiel funktioniert. Allerdings nur von außen. Wenn man reingeht und plötzlich Teil eines solchen Teams ist, das schon seit Langem die Ansagen der Coaches in einzelne Aktionen und gemeinsame Spielzüge auf einem durchlinierten Feld umsetzt, dann ist man erst mal überfordert. Sich in eine Gruppe, ein Team oder ein Feld zu begeben, in dem alle anderen schon viel länger die Gepflogenheiten kennen, ist keine Selbstverständlichkeit. Doch ich war fest entschlossen, es zu probieren. Und trotz aller Schwierigkeiten, trotz der vielen Fragezeichen, die ich bei diesem ersten Probetraining hatte: Es machte sofort Klick.

Zuvor hatte ich mich selbst ein wenig in meiner Erwartung gedämpft. Ich war zwar erst 30, aber hier damit einer der Ältesten. Wenn man als Senior unter jungen Sportlern ankommt, die ihre Sache bereits gut beherrschen, ist das erst mal eine eigenartige Erfahrung. Aber ich schmiss mich rein. Anstrengungen war ich gewohnt, ich war noch immer sehr muskulös und in der Lage, meinen Körper einzusetzen und im Kopf schnelle Entscheidungen zu treffen. Ich glaube nicht, dass ich bei diesem ersten Test allzu viel richtig gemacht habe. Aber das schien egal zu sein. Ich hatte Bock und die Coaches sagten: »Du kannst bleiben.« Bleiben war schon mal gut. Aber ich wollte mehr.

Die Cologne Falcons hatten zwei Mannschaften. Es war illusorisch, als Anfänger auf Einsätze in der ersten zu spekulieren, aber der Coach sagte mir, dass ich Einsatzzeit im zweiten Team bekäme. Während die erste Mannschaft damals in der zweiten deutschen Liga spielte, war die Reserve noch zwei Stufen darunter angesiedelt. Zunächst standen Testspiele an und ich warf mich richtig rein. Ich ackerte und rannte, trainierte nebenher im Fitnessstudio. Ich war dermaßen motiviert, dass es wohl ein bisschen zu viel war, denn ausgerechnet als es auf den Saisonbeginn zuging, habe ich mich im Training verletzt. Der Meniskus an meinem rechten Knie riss bei einer Tackling-Übung, für das dynamische Laufen, Lossprinten und Gegeneinanderprallen mit anderen wuchtigen Jungs war das eine Absage. Der Schmerz war so groß, dass ich kaum gehen konnte. Also setzte ich, nachdem ich mich wochenlang reingesteigert hatte, alles wieder auf null. Das wäre ein Moment gewesen, in dem ich hätte aufgeben können, aber das kam mir nicht einmal in den Kopf. Ich war angetan vom Football, hatte eine Chance bekommen und mich in Form gebracht. Das würde ich wieder schaffen.

Ein Freund hatte mir eine klare Botschaft mitgegeben. Er selbst war erfahrener Spieler, sogar im Nationalteam der Niederlande. Er wusste, wovon er sprach, als er sagte: »Pass auf, dass du nicht zu viel erwartest!« Im Football ist es so: im ersten Jahr bist du ahnungs- und orientierungslos. Im zweiten Jahr verstehst du langsam, was um dich herum passiert. Ab dem dritten Jahr hast du dann irgendwann einen Überblick und fängst langsam an, das Spiel wirklich zu verstehen. Da wollte ich hin, an diesen Punkt, an dem ich kapierte, was passierte, und an dem ich meinen Beitrag wirklich leisten konnte. Also hing ich mich wieder rein, trotz des Verletzungsrückschlags. Ich kam zurück, ich trainierte hart und spielte schließlich doch mit der zweiten Mannschaft der Falcons.

* * *

American Football ist eine wahrlich beeindruckende Erfindung. Man kann die Nase rümpfen über die vermeintliche Brutalität und sich fragen, warum Menschen bei einem Sport überhaupt mit Helmen und Polstern voreinander geschützt werden sollten. Es gibt viele Vorurteile gegen diesen Sport. Ich wundere mich immer wieder darüber, wie wenig diese Ansichten mit der Realität des Footballs zu tun haben. Was mich am meisten beeindruckt und was ich am meisten betone: American Football ist ein Sport, in dem letztlich jeder einen Platz findet. Die meisten haben nur die kantigen, massigen Männer vor Augen, aber dadurch, dass dieses Spiel so ausdifferenziert ist und es darin so viele verschiedene Rollen gibt, passen auch sehr unterschiedliche Typen in ein Team. Man braucht sie sogar, nicht nur die turmhohen Quarterbacks, die die Übersicht haben und gut werfen können, sondern auch die kleinen, quirligen Muskelpakete, die mit dem Ball nach vorn rennen, oder auch die schweren Jungs, die mit vermeintlichen Bierbäuchen auf die Spieler des Gegners zustürmen und alles unter sich begraben, was ihnen in den Weg kommt. Dann sind da noch die leichten, schnellen Leute, die fantastisches Ballgefühl und Balance haben, und schlussendlich gibt es sogar Platz für echte Schlakse. Die Kicker beispielsweise, die den Ball aufs Gestänge schießen, sind alles andere als körperliche Maschinen. Drumherum: Coaching-Staff mit sehr unterschiedlichen Menschentypen. Das Einzige, was man vielleicht anmerken müsste: Für Frauen gilt das vielerorts nicht, denn Frauenfootball-Teams sind gar nicht so leicht zu finden.

* * *

Ich merkte schnell, dass Football kein einfacher Sport ist. Natürlich hatte ich mir vorgestellt, dass ich Bälle fangen und schöne Offensivzüge ausführen würde. Das sind die Aktionen, die jedem als Erstes einfallen. Fangen, Laufen, Touchdown, Jubel. Aber das war gar nichts für mich, wie sich schon beim Probetraining herausstellte. Ich hatte keine Chance, die hart geworfenen Bälle vernünftig zu schnappen, schon gar nicht unter Kontakt mit Gegenspielern. Es war unmittelbar klar, dass ich mich auf der anderen Seite des Betriebs einordnen würde. Football ist aufgeteilt in zwei Sphären: Offense und Defense, Angriff und Verteidigung. Von absoluten Ausnahmefällen abgesehen, werden die Jungs entweder auf der Angriffs- oder auf der Verteidigungsseite eingesetzt. Hinzu kommt noch ein Sonderfall: Wird der Ball zum Anstoß oder nach Punkten an den Gegner zurückgeschossen, stehen sogenannte Special Teams auf dem Platz, also vor allem schnelle Spieler, die in einem offenen Duell elf gegen elf aufeinanderprallen. Hier mischen sich oft Spieler der Offense und der Defense.

Meine Rollen waren bald klar. Man erkannte, dass ich körperlich enorm robust war, durchsetzungsstark. Daher, so die Coaches, könnte ich einer sein, der dem Gegner das Spiel zerstört. Die Sache nahm ich an. Auf der Verteidigungsseite geht es darum, dem gegnerischen Quarterback das Leben schwer zu machen, ihn unter Druck zu setzen, den Schutzriegel vor ihm zu durchbrechen und die möglichen Passempfänger am Fangen zu hindern. Es ist extrem viel los auf einem solchen Feld, und es ist wahnsinnig viel Kommunikation nötig. Vor jedem Spielzug gibt es Abstimmungen und kurzfristige Anpassungen. Ich ordnete mich ein und versuchte meine Rollen so gut ich konnte auszufüllen. Je nach Spielsituation gab man mir die Positionen des Linebackers und des Defense End. Der Linebacker sichert hinter der ersten Verteidigungslinie den Raum und stößt oft zum gegnerischen Spielmacher vor. Er muss in der Lage sein, den gegnerischen Ballträger schnell zu Boden zu reißen. Als Defense End wiederum steht man seitlich am Rand der Verteidigungslinie und attackiert von außen direkt den Quarterback, der den Ball gerade verteilt. Man muss wahnsinnig schnell loslaufen und die blockenden Kraftpakete auf der anderen Seite möglichst überrennen. Das passiert nicht einmal pro Spiel, sondern vielleicht 50-mal oder mehr und ist enorm kraftzehrend. Ich fand mich auf diesen Positionen ein und war für die zweite Mannschaft der Falcons bald viel wert.

Der niederländische Freund, der mich beim Einstieg in den Sport auf Geduld eingeschworen hatte, ermutigte mich eines Tages zum großen Schritt. Er hatte erfahren, dass die Düsseldorf Panther ein Combine anboten, bei dem sich neue Spieler für den Kader empfehlen konnten. Ich hatte Zweifel, ich war nicht überzeugt, denn Düsseldorfs Team spielte in der German Football League, also der höchsten

Spielklasse im American Football hierzulande. In diesem Spielbetrieb sind viele dabei, die den Sport in den USA von der Pike auf gelernt haben, die schon einmal im College oder später sogar im nordamerikanischen Profi-Football aktiv waren. Für jemanden wie mich, der zwei Jahre vorher noch nie Football gespielt hatte, wirkte das wie eine vollkommene Überforderung. Aber mein Freund erinnerte mich an seine Weisheit: Es dauert im Football und erst im dritten Jahr bekommt man langsam das Gefühl, der Lage gewachsen sein. Ich nahm diese Challenge an.

Auf das Probetraining in Düsseldorf bereitete ich mich so aufwendig vor wie früher auf die besonderen Prüfungen bei der Bundeswehr. Ich nahm die Sache so ernst, dass ich mich körperlich in Bestform brachte, so gut ich es selbst konnte. Dann stand der Test vor der Tür und es fühlte sich wieder an wie bei den vielen Prüfungen im Militär. Solche Situationen kannte ich, das gab mir Sicherheit. Ich zog ein Trikot der Düsseldorf Panther an und legte los. Ich musste Bankdrücken, 100 Kilo, wenn ich mich richtig erinnere. Es ging um die Frage: Wie viele Versuche schaffe ich? Dann schauten sich die Trainer an, wie hoch ich aus dem Stand springen konnte. Es gab Pendelläufe auf Geschwindigkeit und einen Test, der für Defensivspieler elementar ist: Wie schnell kann man 40 Yards zurücklegen? Meine athletische Leistung muss ordentlich gewesen sein. »Das war schon gut«, sagte der zuständige Coach Peter Groß-Paaß, aber es gebe eben noch viel zu tun. Ich könne es zu den Profis schaffen, wenn ich jetzt nacharbeitete. Ob ich das wolle? Klar! Groß-Paaß hat sehr viel Ahnung von diesem Sport, er war nicht nur in Deutschland, sondern sogar in der früheren World League of American Football erfolgreicher Spieler gewesen. Dieser Routinier gab mir nun spezifische Tipps für meine Vorbereitung. Ich bekam einen persönlichen Plan und ging daraufhin fünfmal pro Woche im Kraftraum in Düsseldorf trainieren.

Manchmal wundere ich mich selbst über den Aufwand, den ich für dieses Ziel betrieb. Schließlich war ich voll berufstätig, in unternehmerischer Verantwortung. Der Einstieg in eine Profikarriere gestaltete sich wie ein sehr aufwendiger Nebenjob, aber er erfüllte mich mit großem Spaß. Ich schaffte es, mich in dieser Mannschaft zu etablieren, bekam einen Platz bei den Panthers und wuchs im Laufe der Zeit zum vollwertigen Defensiv-Spezialisten heran, der sich gleich sechs Jahre in der German Football League und der zweiten Liga festspielte. Es war Sport auf Profiniveau, hatte für mich aber nichts mit einem Geschäft zu tun. Es war eine Challenge, die zur Leidenschaft heranwuchs. Die Klarheit, die Anreize des Sports, die Fortschritte und die Möglichkeit, hier Aufwand und Ertrag zusammenzubringen, zogen mich stark an. Geld war es ganz sicher nicht. Es gibt in der GFL zwar auch Spieler, die ordentlich verdienen, aber bei mir ging es höchstens um ein paar Hundert Euro hier und da, denen enorme Ausgaben für die Ausrüstung, Ernährung und Trainingsprogramme entgegenstehen. Für mich war es ein Geschenk. Ich durfte Sport wie ein echter Profi betreiben, mit demselben Maß an Disziplin und Regelmäßigkeit, und ich profitierte davon enorm. Ich blühte auf wie der kleine Junge, der ich im Gelände gewesen war. Nie vergessen werde ich, wie ich bei den Panthers trotz heftiger Verletzung am Arm nicht nur bei einem Auswärtsspiel weitermachte, sondern noch drei weitere Partien absolvierte, weil es an Ersatzspielern auf meiner Position fehlte. Ich zog durch, getaped und unter heftigem Schmerz. Wir stiegen auf.

***

Im American Football habe ich Werte und Dinge gefunden, die ich in der Welt an sich gern häufiger sehen würde. Ein Aspekt, der mir bis heute imponiert, ist die Kultur der Offenheit. Auf der einen Seite ist Football strikt, hart, stringent, auf der anderen wahnsinnig offen für alle, die sich auf seine Spielregeln einlassen. Das zeigt sich auch daran, dass Herkunft und Nationalität hier keine Rolle spielen. Ich habe in Köln und auch in Düsseldorf mit Männern zusammengespielt, die aus vielen Ländern zusammenkamen und alle sehr unterschiedliche Hintergründe hatten. Es gab Situationen, da waren in der Mannschaft mehr als 30 Nationalitäten vertreten. Es funktionierte. Sie kamen als Partner zusammen, sie akzeptierten einander, sie pflegten einen enorm offenen Austausch und vermittelten sich gegenseitig das Gefühl, dass der Mensch wichtiger ist als irgendwelche Einordnungen. Dennoch bekam man viel mit von den unterschiedlichen Kulturen. Ich war zu Gast bei Mitspielern aus Zentralafrika, wo wir gemeinsam gegessen und uns hervorragend unterhalten haben. Diese Einblicke in die unterschiedlichen Hintergründe und Lebensweisen schätze ich sehr. Dieser Zugang zu sehr unterschiedlichen Persönlichkeiten kann fürs Leben schulen. Man lernt, Menschen zu akzeptieren, und hört irgendwann auf, sie vorzuverurteilen, wie wir es in der Gesellschaft viel zu oft tun.

Football ist aber auch eine Schule der Fairness. Eine Dimension, die ich nicht deutlich genug betonen kann. Von außen, für Unwissende, mag dieser Sport bloß wie brachiales Geprügel aussehen, aber wer sich auskennt, weiß: Die Regeln des Fairplay sind für Footballer heilig. Der Vergleich mit dem Fußball ist vielleicht nicht populär, aber lehrreich. Im American Football wird es nicht belohnt, wenn Spieler sich hinfallen lassen oder auf dem Boden krümmen. Der Fußball bietet Anreize und sogar oft Applaus dafür, Spiele mit grenzwertigen oder sogar betrügerischen Mitteln zu gewinnen. Hier ist der Football komplett anders. Es gibt auch Fouls und Strafen, aber über diese Strafen wird nicht viel diskutiert, man fügt sich den Urteilen. Überhaupt ist der Umgang unter den Spielern von Respekt und Fairness geprägt, denn diese ist, bei aller Härte, nötig, um ein solches Spiel überhaupt durchzuziehen. Das wissen alle. Es knallt im Kampf um den Ball. Aber nicht drumherum.

Ich hatte eine geile Zeit mit den Jungs. Es war jedes Mal ein Geschenk, mit viel jüngeren, richtig fitten Sportlern auf dem Feld zu stehen. Ich liebte es, mit dem Bus nach Berlin zu fahren, nach Dresden, Braunschweig, Kiel oder für eine Woche nach Süddeutschland ins Trainingslager. Anfangs hielten sie mich für einen »Opa« und ich hatte am meisten Sorge davor, nicht mithalten zu können. Und dann saßen wir da zusammen auf dem Weg vom Auswärtsspiel zurück nach Düsseldorf und feierten.

Football, das wird oft gesagt, ist ein bisschen wie Schach. Ich finde, das stimmt – aus Sicht des Coachs, der Zuschauer. Aus Sicht des Spielers zeichnet den Sport eine Mischung aus, die in jedem Moment einen Reiz ausübt. Es gibt die Strategie, es gibt die taktischen Vorgaben, darauf baut alles auf. Und dann stehen die Spieler auf dem Platz, der Ball kommt in Bewegung und es zeigt sich: Irgendwas funktioniert nicht. Jetzt muss man improvisieren, schnell sein, handeln und seine persönlichen Stärken ausspielen. Die Komplexität des Spiels, gepaart mit Fairness und Offenheit, macht Football für mich zu einem unfassbar tollen Sport. Er hat mir persönlich viel gegeben. Dabei habe ich mich über sämtliche

Widerstände hinweggesetzt, vor allem über jene in meinem eigenen Kopf.

***

Football, wie Mannschaftssportarten allgemein, erfordert Disziplin. Eine Eigenschaft, die nicht hoch genug geschätzt werden kann. Für mich, der ich das Leben in einer militärischen Hierarchie und Befehlskette verinnerlicht hatte, stellte das keine große Schwierigkeit dar. Sich in einer Mannschaft zu integrieren ist etwas, das auch außerhalb des Sports von großem Wert ist.

Ich kann mich unterordnen, die Grundlage für Teamplay, denn anderenfalls wird es schwierig. Disziplin bedeutet aber nicht, dass man keine Kritik an den Verhältnissen äußern darf. Es kann sogar sehr gut sein, dass beispielsweise der Defense Coordinator draußen am Spielfeldrand etwas nicht gesehen hat, ich als Spieler aber schon. Daher ist es wichtig, dass jeder seine eigenen Beobachtungen und Gedanken auch dann äußert, wenn es klare Vorgaben gibt. Allerdings ist immer die Frage, wie man das macht. Meckert man unter Kameraden oder Kollegen - oder sucht man sich den passenden Moment, um den richtigen Ansprechpartner zu erwischen? Jemand, der eine Position oder einen Job hat, darf sich durch die Hierarchie nicht dazu bringen lassen, sein eigenes Urteil zu verlieren. Das war bei mir auch nicht so. Nach einiger Zeit im Sport konnte ich durchaus beurteilen, was für meine Rolle gut funktionierte und was nicht, konnte sogar Verantwortung übernehmen, mich einbringen und den Chef in einem passenden Moment ansprechen: »Haben Sie kurz Zeit, Coach? Ich würde gern mit Ihnen sprechen.«

Es gibt sowohl im Sport als auch im Berufsleben keine schlechtere Situation als ein System, in dem vordergründig Disziplin herrscht, die Mitarbeiter hinter den Kulissen motzen und der Chef nicht erkennt, was die einzelnen Menschen längst verbessern könnten. In einer solchen Organisation versagt nicht nur die Führung. Was ich beim Football erlebte, würde ich auf viele andere Organisationen übertragen: Wenn ich offen und ehrlich anspreche, was ich beobachte, dann steigert das das Teamergebnis. Ich handhabe es in meinem Unternehmen genauso, wie ich es von einem guten Teamchef erwarte. In jedem Spezialgebiet sollte jemand tätig sein, der besser ist als ich. So funktioniert es auch im Sport, wenn alles gut läuft. Die Spezialisten auf ihrer Position geben das Feedback, das die Führung für ihre nächste Planung braucht. Ich will Leute um mich herum haben, die beurteilen können, was sie tun, die sich zwar in ein Team einfügen, dabei jedoch nicht den Blick für Verbesserungen verlieren. Ich bin fest davon überzeugt, dass man gleichzeitig seine Rolle annehmen und kritisch bleiben kann, ohne ins Negative abzudriften.

***

Auch wenn ich inzwischen nur noch hobbymäßig spiele, bin ich dem Sport verbunden geblieben. Mittlerweile verbinde ich meine unternehmerische Rolle mit dieser Leidenschaft – als Gesellschafter bei Rhein Fire, dem Düsseldorfer Team in der noch relativ neuen European League of Football. Das ergab sich wie selbstverständlich, denn ich gebe immer gern etwas zurück. Bei den Panthern schlugen mich damals Teamkollegen auf der Jahreshauptversammlung für ein Amt vor. »Klar!«, sagte ich und übernahm den Vorstandsposten im Verwaltungsrat. Einige Jahre später sprach sich dann herum, dass eine neue Football-Liga in Europa entstehen sollte, mit dem Teamnamen der ehemaligen NFL Europe, also eines alten Ablegers der großen amerikanischen Profiliga. In Düsseldorf kamen ein paar Leute zusammen, dazu zählte auch ich, die unbedingt dabei sein wollten. Wir wollten Rhein Fire wiederauferstehen lassen, das Team, das früher oft Zehntausende ins Düsseldorfer Stadion gezogen hatte. Mit einer Betreibergesellschaft bewarben wir uns um die Lizenz und bekamen den Zuschlag. 2022 begann das Abenteuer mit diesem neuen Verein in einer neuen Liga. Wir zogen mit den Heimspielen nach Duisburg und hatten in der Saison 2023 den höchsten Zuschauerschnitt in dieser noch sehr jungen Spielklasse.

Wenn ich dort sitze, in der Schauinsland-Arena in Duisburg und dem Team zuschaue, dann wirkt wieder der Reiz dieses Sports. Jedes Mal denke ich: Wie gern würde ich jetzt einfach so wieder meinen Helm anziehen, meine Schuhe zuschnüren und auf dem Platz stehen. Jemanden vor mir haben, mit dem ich auf einem solchen Spielfeld einen ehrlichen Kampf austrage. Und danach würden wir uns begegnen und sagen: »Ey, das war ein cooles Spiel.« Vom Anfänger zum Profi zum Teilhaber – mit 30 Jahren neu gestartet, habe ich seitdem fast jedes Jahr frische Stufen in diesem Spiel erklommen.

Influencer aus Zufall

Am Anfang meiner YouTube-Karriere lief alles ziemlich improvisiert. Ein Freund und Geschäftspartner hatte gesagt: »Mensch, Otto, du hast echt was zu erzählen – mach das doch mal auf Video, im Internet!« Wenn er das sagte, konnte es nicht so verkehrt sein. Seine Meinung ist mir immer wichtig, wir sind gnadenlos ehrlich im Umgang, geben uns ständig Feedback und helfen einander weiter. Ich sagte also: »Ja, warum nicht?«

Die ersten Videos sind noch zu finden, auch wenn es mir vorkommt, als wäre es eine Ewigkeit her. Als ich dieses Buch zu schreiben begann, waren nicht einmal zwei Jahre vergangen seit den ersten Aufnahmen, die wir im Lager meiner Firma im Industriegebiet im Neusser Süden gemacht hatten. Ich stehe allein, im schwarzen T-Shirt und grauer Hose, mit zurückgegelten Haaren vor den hohen Lagerregalen, die mit den US-Importwaren meines Handelsunternehmens befüllt sind, ein Flipchart neben mir, nur wenige Punkte darauf notiert. Auf meinem Hemd steht BE – das steht für »Bulletproof Entrepreneur« und soll bedeuten, dass ich die Eigenschaften des widerstandsfähigen Soldaten (schusssicher) und des erfolgreichen Firmengründers (Entrepreneur) vereine. Dann starte ich so wie in jeder dieser Episoden, die wir in dieser frühen Phase drehen: Ich rede drauflos und erläutere der Kamera und dem Mikrofon meine Erkenntnisse über Themen der Lebens- und Geschäftsgestaltung. Ich wusste damals nicht, zu wem ich spreche, hatte noch keine Idee von einer Zielgruppe, einem Publikum. Ich war noch nie bei einem YouTube-Kongress gewesen und hatte keine Erfahrung als Influencer. Aber ich hatte mir mit meinem Freund etwas in den Kopf gesetzt.

Ich doziere. Ich halte Vorträge, Vorträge, wie ich sie eigentlich gar nicht so sehr mag. Mir gefällt es viel eher, wenn etwas passiert, aus dem man lernen kann. Ich bin da ganz bei dem altbekannten Motto: »Show, don't tell.« Also: Zeig etwas, mach es erlebbar, dann musst du es den Leuten nicht theoretisch nahebringen. Aber dieser Anfang in meiner Karriere als Internet-Video-Mensch gestaltete sich anders als das, was ich am liebsten darstellen wollte. Wir hatten zwar schon einen schicken, actiongeladenen Vorspann, der Rest aber war eher Business-Seminar und Merkzettel-Vortrag. Im Ergebnis gab es gerade mal ein paar Hundert Aufrufe. Aber der Anfang war gemacht.

Heute, während ich diese Zeilen schreibe, habe ich mehr als 700 000 Abonnenten auf meinem YouTube-Kanal, schon mehrfach die Millionen-Marke mit meinen Clips gerissen und sogar einen Deal mit einem großen Filmunternehmen geschlossen. Ich habe schnell dazugelernt.

* * *

Für mich ist ein Leben ohne Abenteuer, ohne körperliche Anstrengungen bis zum Limit nicht mehr vorstellbar. Ich möchte das immer haben, so lange ich kann. Deshalb habe ich mir stets neue Aufgaben gestellt, Aufgaben, die jedes Mal aus dem normalen bürgerlichen Leben hinausführen. Klar, mit dem Football hatte ich eine Zusatzkarriere gefunden, in der ich viel einsetzen konnte und zurückbekam. Aber es gibt etwas anderes, das mein tiefstes Inneres berührt und von dem ich auch nicht lassen kann: der Gang raus, in die Bäume, in die Natur, in die Härten eines Lebens, das nichts von dem hat, was wir den Alltag nennen. Ich war neben der Bundeswehr schon ein gutes Jahrzehnt lang erfolgreicher Unternehmer, ich machte Deals mit Firmen in vielen Ländern, verhandelte und saß am Schreibtisch. Ich hatte mir selbst bewiesen, dass bei diesem Werdegang auch meine Skills und der Mindset aus meiner Fallschirmjäger-Laufbahn viele Impulse brachten. Nur bin ich eben bis heute niemand, der gern acht Stunden am Stück am Schreibtisch sitzt. Ich finde auch nicht, dass das sein muss, und ich glaube, als Gründer und erfolgreicher Manager einer über Jahre wachsenden Firma habe ich bewiesen, dass es auch anders geht. Aber dennoch: Eine Firma führen bedeutet Computerarbeit, einen dichten Kalender verfolgen, E-Mails schreiben, Verträge lesen, Telefonkonferenzen abhalten, sich mit Kontoständen und Finanzierungen herumschlagen. Und dann ist da noch die Bürokratie mit ihren Steuersätzen, ihren Vorschriften zu Lebensmitteln und Arbeitsrecht und natürlich den vielen Regeln zum Import. Es mühsames Dickicht, auch wenn die Ziele, die ich als Chef verfolge, mich motivieren.

Für diese Art von Anstrengungen brauche ich eine Balance. Den kleinen Jungen, der auf die Bäume kletterte, werde ich einfach nicht los. Er ist Teil von mir geblieben. Er war bei mir bei der Bundeswehr, in den Lehrgängen, in den Wäldern und auch im Auslandseinsatz in Afghanistan. Nach dieser Laufbahn, als es um das Schaffen eines langfristig tragfähigen Unternehmens ging, wartete er ein wenig ungeduldig, bis ich wieder Zeit für ihn hatte. Denn die fand ich immer. Nach der aktiven Laufbahn beim Bund war ich beispielsweise fest entschlossen, mich auch als Reservist zu betätigen. Ich bin ja zum Offiziersanwärter der Reserve aufgestiegen, was bedeutet, dass ich auch jetzt noch für Ernstfälle eingesetzt werden und Befehle erteilen könnte. Ich sehe das als meine Pflicht, weil ich überzeugt bin, dass ich in meinem Land meiner Armee weiterhin dienen sollte, wenn es nötig wird. Zusätzlich bietet mir die Reserve der Bundeswehr aber auch noch etwas ganz Bodenständiges: das Feeling, wieder auf einem Truppenübungsplatz einzurücken, wenn auch nur für ein Wochenende. Die Gelegenheit, sich ernsthaften militärischen Prüfungen auszusetzen, bei denen viel Kondition und Widerstandskraft gefragt ist. Das funktioniert genau wie damals in meiner Zeit als verpflichteter Soldat. Hinzu kommt dieser Teamgeist, dieses Gefühl einer Einheit, die zusammengehört. Kameraden aus verschiedenen Jahrgängen fühlen sich unmittelbar als Teil einer größeren Gemeinschaft, deren Regeln sie genauestens kennen und der sie immer angehören werden. Das Üben von Kampftechniken und das Marschieren auch unter harten Bedingungen sind ebenso Bestandteil dieser Reserveübungen wie die Geselligkeit. Auch Feste gehören dazu. Diese Kontakte, die ich bei den Ehemaligen- und Reservistentreffen pflege, ermöglichten mir, sehr schnell sehr spannende Abenteuer zu planen und diese für den rasanten Aufstieg im Netz, für mein gewünschtes, anschauliches und spannendes »Show, don't tell« zu inszenieren. Aber dahinter steckte kein Plan. Es ergab sich, es wuchs, wie eine neue Pflanze im Wald heranwächst.

* * *

Ich kann nicht ohne Herausforderungen leben. Lange Zeit war dies jedoch nichts, worüber ich mit anderen Menschen gesprochen hätte oder auf die Idee gekommen wäre, es zu einem Geschäft zu machen. Klar, schon während der Zeit, als ich mich mit Kumpels bei Extremmärschen angemeldet und wir uns zusammen für diese mehrtägigen Prüfungen vorbereitet hatten, erwuchs daraus gemeinsam mit meinem Partner ein Beratungsangebot. Er organisierte Events für Firmenkunden, Workshops, Veranstaltungen mit dem Ziel, an den persönlichen Skills und dem Teamgeist der Teilnehmenden zu arbeiten. In dieses Setting würde ich gut reinpassen, meinte er. Wie es denn wäre, wenn ich mal eine Gruppe seiner Firmenkunden für ein Wochenende wirklich ans Limit bringen und sie erleben lassen würde, wie sich persönliche Grenzen finden und verschieben lassen. Also setzten wir das um: Wir boten Touren für Unternehmer an, die in Mittenwald am Fuß der hohen bayerisch-österreichischen Alpen starteten. Dort organisierte ich uns Zugang zum Truppenübungsplatz. Die ungeübten Teilnehmerinnen und Teilnehmer lernten, wie man sich abseilt, klettert und im Gelände sicher vorankommt. Hierbei nutzten wir auch die Kontakte, die ich in die Streitkräfte habe. Gebirgsjäger stießen zu diesem Workshop, demonstrierten ihre Fähigkeiten und halfen den Managern. Für die Gäste war das pure Überwindung. Ich kann mir das gut vorstellen, denn was ich da gelernt und angewendet habe, was die Infanterieeinheiten draufhaben, das ist für Menschen aus dem Büroleben in seiner körperlichen Dimension und in der Komfortlosigkeit oft nicht vorstellbar. Da prallen Welten aufeinander. Sehr schnell merkte ich, was das für spannende, befruchtende Erlebnisse waren – nicht nur für die Teilnehmer, auch für mich selbst. Ich nahm viel mit. Ich erkannte, was ich den anderen vermitteln konnte. Das war ein schönes Gefühl.

Solch ein Wochenende, bei dem man sich von der Basis hoch zum Zugspitzgipfel durchschlagen muss, bringt Normalos - so nenne ich sie jetzt mal - sehr schnell an ihre Grenzen. Sie verlassen die Komfortzone und erleben den lehrreichen Moment, in dem aus kurzfristiger Überwindung langfristiges Wachsen wird. Das gilt im Fitnessstudio an den Geräten genauso wie beim ersten Gespräch, das man in einer fremden Sprache führt. Hier, bei diesen Workshops, waren Leute, die wirklich keine Ahnung hatten, wie das alles funktioniert. Das meine ich überhaupt nicht böse. Im Gegenteil: Wer keine Ahnung hat, das offen zugibt und sich dennoch auf die Sache einlässt, der kann nur besser werden. Die Teilnehmer erleben echte Krisen, werden mit Selbstzweifeln, mangelnden Fähigkeiten, den Grenzen ihrer Fitness, aber auch überragenden Momenten konfrontiert, immer das gemeinsame Ziel vor Augen. Natürlich hatten wir zuerst überlegt, ob so etwas ein finanziell lukratives Geschäftsfeld werden könnte. Offensichtlich war die Nachfrage gegeben, das war befriedigend. Aber etwas anderes war viel wichtiger: Die Schwierigkeiten des Aufstiegs auf Deutschlands höchsten Berg nahmen die Leute mit auf eine Reise, die ihnen dauerhaft Erkenntnisse bot. Wir reflektierten über Ziele, über Durchhaltevermögen, aber vor allem erlebten sie es am eigenen Leib. Sie spürten auch, wie mein Herz für dieses Leben schlägt - und ich glaube, damit habe ich manchen dieser Menschen emotional erreicht. Es ist sinnstiftend, sich auf solche Erlebnisse einzulassen. Vor allem, weil man sich bei ihnen den reinen Gefühlen nähert: Wie fühlt sich Angst an? Was ist echtes Glück? Auch wenn es nur drei Tage waren, berührten wir mit unseren Leuten psychologische Brennpunkte. Ich bin sehr sicher, dass die gewonnenen Erkenntnisse sich auch für das Geschäftsleben, für die Arbeitsmoral, für Kooperation im Team und das Weiterkommen am Markt und in der Karriere nutzen lassen. Das Bestehen physischer Proben ist nie einfach nur ein Sieg des Körpers über die Widerstände der Natur, sondern immer ein Erfolg der Mentalität und der Psyche, die auf Probleme vorbereitet wird und sie angeht. All das lässt sich sehr konzentriert bearbeiten, wenn man allein oder mit einem erfahrenen Guide im Survivalcamp ausmarschiert.

Es war dieses Glück, das ich weitergeben wollte. Ich spürte selbst, wie es bei diesen anfänglichen Workshops bei mir aufkam. Und ich stellte mir, auch gemeinsam mit meinem Beraterfreund, diese Fragen: Was sorgt eigentlich wirklich für Glück? Und wie könnte man es weitergeben, damit andere von diesen Erkenntnissen auch etwas haben? Ich habe gelernt, dass mir letztlich nur drei Dinge Glück bringen können. Erstens entsteht es, wenn Menschen anderen Menschen etwas geben oder zurückgeben. Das erklärt, wieso viele oft hochmotiviert in schlecht bezahlten sozialen Berufen arbeiten oder sich hingebungsvoll dem Ehrenamt verschreiben. In meinem Fall waren es die Momente, in denen ich Kameraden helfen konnte, und auch jene, in denen ich meine Erfahrungen anderen weitervermittelte. Zweitens sorgt Wachstum für Glück. Jeder Hobbygärtner erlebt das, sofern die Gurken oder die Blumen sich entfalten, aber auch jeder Mensch, der erfolgreich an einem Feierabendsprachkurs teilnimmt. In meinem Fall geht es dabei weniger um das zahlenmäßige Wachstum, also beispielsweise die Gewinne meiner Firma, sondern darum, neue Ziele zu setzen und nicht ewig dasselbe zu wiederholen. Es spricht nichts dagegen, mit einem etablierten Produkt Geld zu verdienen, solange es funktioniert. Aber es braucht dazu noch mehr, es braucht neue Vorhaben, um Glück zu spüren. Drittens vertrete ich die Ansicht, dass Glück nicht aus Gegenständen erwächst, sondern aus Erlebnissen. Kann sein, dass ich noch weiß, welche Farbe das Kletterseil hatte, das mein Vater mir als Kind geschenkt hat. Vielleicht täusche ich mich aber auch. Was ich aber ganz sicher erinnere: Es hat mir die Möglichkeit eröffnet, vollkommen neue Erfahrungen zu machen, auf Bäume zu kommen, die ich vorher nie bewältigt hätte, und dort mein Baumhaus einzurichten. Dieses Erlebnis bleibt in mir und macht mich bis heute glücklich. Und wenn ich einen leistungsstarken Rechner sehe, den ich für meine YouTube-Arbeit nutze, interessiert mich nie das Objekt, sondern nur das, was mir im Leben durch diese Technik möglich wird. Handeln, Machen, Erleben. Das bleibt hängen.

***

Die ersten Videos am Whiteboard sind genau aus diesen Gedanken erwachsen. Deswegen habe ich sie auch auf dem Kanal belassen, auch wenn ich sie heute eigentlich nicht mehr sehr gelungen finde. In dieser frühen Phase habe ich auch angefangen, mich als Motivationssprecher vor Gruppen zu stellen. Es liegt ja nahe, meine verschiedenen Erfahrungen auf diese Weise in einem Seminarraum oder auf einer Bühne zu vermitteln, mit Schaubildern, Theorie und Vortrag. Diese Art der Präsentation reizt mich aber kaum. Bei anderen entsteht da etwas, sie fühlen sich in diesen theoretischen Umgebungen wohl. Ich brauche eher das echte Umfeld, die Anwendung. Schaue ich also zurück auf die ersten Videos des Bulletproof Entrepreneur, dann erkenne ich auch, was sich seitdem getan hat. Ich sehe, was dahintersteckt, welche Gedanken wir uns gemacht haben – und vor allem, welches Wachstum ich auf diesem neuen Weg erlebt und erarbeitet habe. Das macht mich wirklich glücklich. In recht kurzer Zeit bin ich vom vollständig unbedarften Improvisator zum einflussreichen YouTuber avanciert. Das alles neben meiner unternehmerischen Tätigkeit, die ich ernsthaft verfolgt habe. Es war dieser Weg, der mich in den vergangenen Jahren wirklich dem Glück näher gebracht hat. Ich schaue mir immer wieder gern an, wie weit ich gekommen bin, gerade auch dank all der Leute, die ich auf diesem Weg getroffen habe. Es ist fantastisch und gern möchte ich andere Menschen dadurch motivieren und anstecken.

***

Es steckte keine gigantische Absicht hinter dem YouTube-Kanal. Es war eher ein Spiel, auf das ich mich einließ. Mir gefiel nicht so richtig, wie ich auf den Videos wirkte, wie ich sprach. Aber das war nicht so schlimm. Ich schaute es mir an und begriff, dass das nur der Einstieg war, dass ich hier besser werden konnte. Relativ schnell war mir klar: Das Flipchart und all das, was es vermittelt, muss weg. Ich will lieber über Sachen sprechen, die mein Herz erfüllen, nicht abstrakt, sondern unterfüttert mit meinem persönlichen Erfahrungswissen. Und dann klickte es: Über die Bundeswehr und das Leben des Soldaten, so merkte ich damals relativ schnell, gab es kaum vernünftigen Content. Alles, was sich im Netz finden ließ, war schwer verdaulich. Außerdem wollte ich nichts Glorifizierendes drehen, kein Muskelmänner-Actionspektakel, sondern Wissensvermittlung auf unterhaltsame Weise, leicht zugänglich und persönlich präsentiert. Das war der eigentliche Start: Der Bulletproof Entrepreneur wagte sich in den digitalen Dschungel und schlug sich seine Schneisen, bis »Otto Bulletproof« herauskam. Ich sprach über die Ausbildung beim Bund, den Einzelkämpfer-Lehrgang, Dienstgrade und meine Einsatzerfahrung. Das Interesse und die Resonanz waren sofort richtig gut. Ich musste gar nichts dafür tun, außer die Videos ins Netz zu stellen. Es war »Unique Content«, nichts daran war austauschbar, das waren meine Geschichte und mein Leben, mit denen ich Menschen helfen wollte, auch das große Ganze einzuordnen. Bald sprach ich mit anderen Soldaten, Spezialisten für verschiedene Einsätze, deren Rollen und Erfahrungen in Uniform wir herausarbeiteten. Es war mein eigenes Interesse, und es fand Anklang. Und daraus wiederum erwuchs mein nächster Schritt, mich mit den Outdoor-Kanälen, mit Survival und Abenteuer bei den Streaming-Diensten zu beschäftigen.

Von dieser Szene hatte ich nun wirklich keine Ahnung, als ich damit anfing. Ich wusste nicht, wer Fritz Meinecke ist, kannte keinen SurvivalMattin und keine Vanessa Blank. Fritz ist der wichtigste Outdoor-YouTuber, ein mitunter kantiger, bärtiger Abenteurer, der daraus im Netz seine Berühmtheit zog. Vanessa beschäftigt sich ebenfalls mit dem Überleben in der Wildnis und gibt Tipps, die das Publikum nachmachen kann. Aber als ich da herumsurfte und mir diese spannenden Clips anschaute, da merkte ich, dass auch ich hier etwas zu sagen hatte. Und das tat ich dann auch. Ich machte einen Move, der nicht unbedingt sympathisch rüberkommen muss: Ich sah mir an, was die Outdoor-YouTuber so trieben, und kommentierte in eigenen Videos, wie sie sich geschlagen hatten, was sie gut gemacht und was sie vielleicht hätten besser machen können. Ein solches Format ist heikel. Niemand hat es gern, wenn ein Wildfremder sie plötzlich bespricht, kritisiert oder bewertet. Aber ich versuchte, meine »Reactions« in einem möglichst wertschätzenden, fachmännischen Ton zu veröffentlichen. Dass ich aus meinem eigenen Leben die Erfahrung und das Wissen hatte, um meinen Senf abzugeben, schien mir klar zu sein. Dennoch war es riskant. Umso erfreuter war ich über das Feedback der Menschen, deren Content ich da besprach. Meine Vorschläge, wie man eine Situation draußen in der Wildnis vielleicht besser lösen könnte, brachte mir die Aufmerksamkeit des Publikums und vor allem der Angesprochenen. Sie beschwerten sich nicht, sie ignorierten mich nicht, nein, im Gegenteil. Fabio Schaefer war der Erste, der auf meine Reactions reagierte und auch Fritz Meinecke gab mir schnell zu erkennen, dass ich da etwas richtig machte. Er fand meine Videos sympathisch und erkannte an, dass ich ernsthaft Mehrwert liefern wollte. Dass ich durch diese Interaktion bekannter wurde und mich in der bis dahin völlig fremden Welt vernetzen konnte, war ein erwünschter Nebeneffekt. Eine Strategie verfolgte ich damit nicht.

Plötzlich war ich im Austausch mit Internet-Stars, die etwas von mir wollten. Fritz schrieb mich an. Ich fand es krass, dass ein solch bekannter Medienmensch mich überhaupt beachtete. Auch Fabio Schaefer war schnell dabei, mein heute guter Freund, mit dessen gemeinsamem Kanada-Trip und unserer doppelten Bärenbegegnung ich dieses Buch habe beginnen lassen. Das waren Leute, die schon Millionen Menschen im Netz erreichten. Ich dagegen war unbekannt, nur auf dem kleinen Schirm jener, die sich mit den Bundeswehr-Themen beschäftigt hatten. Und so kam zusammen, was zusammenpasste. Ich bin ja kein Showman, aber von Outdoor-Themen habe ich Ahnung. Das fand Fabio spannend und er regte eine gemeinsame Tour an. Wir sind rausgegangen, auf Felsen geklettert, haben Gewässer durchquert und gemeinsam draußen geschlafen. Ich fand ihn sofort sympathisch und wir hatten tatsächlich einen gemeinsamen Vibe. So öffnete sich eine neue Welt für mich.

* * *

Mich überrascht, wie schnell das alles geht, wenn es im Internet läuft. Noch immer sitze ich staunend in dem Büro, wo ich meine Videos aufzeichne und ins Netz schicke. Ich weiß nicht so viel über Online-Marketing und all die technischen Dinge, die da passieren. Muss ich auch nicht. Hauptsache, ich beherrsche inzwischen die Technik, die in meinen Koffern liegt: die GoPro, die Spiegelreflexkameras, die Stative für unterwegs, die Akkus und Mikrofone. Es ist dieses Equipment, das meine Erlebnisse nacherlebbar macht. Die Bilder, die ich früher auf meinen Touren draußen leider nicht gemacht habe, sammele ich heute selbstverständlich ein und präsentiere sie einem wachsenden Publikum. Dieses Leben kostet auch Energie, sehr viel sogar, aber es macht mich immer wieder glücklich. Ich fahre auf YouTube-Conventions, verhandele mit Produktionsfirmen, mit Spezialisten für Videoschnitt und Ton. Gleichzeitig habe ich die volle Last eines eigenständigen Unternehmers zu schultern, der jeden Tag mit Vertragspartnern telefoniert, sich um seine Mitarbeiter kümmert und die Firma zukunftssicher macht. Schließlich bin ich auch Familienvater und Ehemann. Jemand, der im Privaten all das leben will, was er im Netz verkörpert und noch viel mehr, das privat bleiben darf. Ich will kein Star sein, aber ich habe Spaß daran, dass meine Erlebnisse die Menschen erreichen und vor die Frage stellen: Was möchte ich wagen?

Nur zwei Jahre nach meinen eher hölzernen Flipchart-Vorträgen habe ich schon exklusive Deals mit Partnern und aus der Leidenschaft ist ein Geschäft mit Wachstumspotenzial geworden. Wer meine Videos schaut, sieht Proben der Produkte all der Firmen, die auf meinen digitalen Kanälen schon als Werbepartner in Erscheinung getreten sind. Was auch immer man von Werbung halten mag: Wer plötzlich solche Angebote bekommt, nimmt wahr, dass sich da draußen ein Publikum befindet, das mehr erfahren möchte. Das motiviert mich. Das baue ich aus. Das Influencer-Sein, das Inspirieren der Menschen auf eine wirklich fundierte Art, das bereitet mir aktuell am meisten Spaß. Hier sehe ich in den kommenden Jahren den größten Spielraum, mein Glück zu steigern - und vielleicht auch das meines Publikums.

Auch diese Laufbahn erfordert Mut. Ich bin ins Netz vorangeschritten wie in ein unbekanntes Gelände. Die Vernetzung mit Menschen aus der alten Militärzeit und mit den Outdoor-YouTubern eröffnete mir Chancen. Das Risiko ging ich selbst ein. Schon 2022 setzte ich meine eigene Idee um, die *Warrior*-Serie, die mit dem *Ocean Warrior* startete. Mit Fritz Meinecke organisierte ich ein Top-Teilnehmerfeld. Sie machten mit, weil mein Format fundiert war. Und so ergab sich der nächste Schritt für mich, weil der Inhalt stimmte. Ich bekam die Einladung zur Teilnahme bei *7 vs. Wild,* dem hoch erfolgreichen YouTube-Survival-Format. Ich gewann die Challenge und das brachte mich sogar in die klassischen Medien. Erstmals konnte man von mir im *Spiegel* oder in der *Frankfurter Allgemeinen* lesen. Diese Medien haben erkannt, was mir wichtig war, sie haben mich nicht abgestempelt, sondern als jemanden wahrgenommen, dessen Inhalte relevant sind. Der mehr als Entertainment anbietet, sondern aufklärt, informiert und inspiriert. Das kann Streaming leisten, durch das wir Menschen ganz direkt erreichen und ansprechen. Diese Mischung aus Spannung und Survival-Skills füllt sogar eine Lücke. Der Ex-Soldat hat mit seinen Videos Hunderttausende Menschen gefunden, die nicht nur mitfiebern, sondern auch die Bühne dafür, junge Leute über reale Gefahren und Herausforderungen aufzuklären - und dabei Werte zu vermitteln. So etwas hat gefehlt.

Als ich in jungen Jahren im Kreiswehrersatzamt saß und die Plakate mit Bildern von Fallschirmjägern sah, wusste ich rein gar nichts über ihre Aufgaben. Heute wäre das anders. Heute könnte ich mir ein Video von Otto Bulletproof anschauen, ihn über den härtesten Lehrgang der Bundeswehr sprechen hören und mir anschauen, wie er sich in einem unbekannten Gelände ohne Proviant durchschlägt. Das hätte mich sicher fasziniert, mir aber auch ein viel besseres Bild dessen ermöglicht, was mich bei der Armee erwartet. Ich stelle mir vor, wie Menschen aus meinen Videos lernen, wie sie echtes Wissen erlangen über das Militärische, das ein Bestandteil unserer Welt ist.

Zwei Jahre YouTube, das ist wie ein Sprung aus dem Flugzeug in ein Gelände, für das man nicht einmal eine Karte hat, in dem aber alles zusammenpasst. Ich schaffe Formate. Ich bin der Gründer eines eigenen Formats, das militärisches Überlebenstraining ernst nimmt. Die *Warrior*-Serie bringt ihre Teilnehmer in Survival-Situationen, wie sie echte Elitekämpfer unter verschiedenen klimatischen Bedingungen zu bestehen haben. Das ist neu. Als derjenige, der dieses Format mit Produktionskosten und Star-Beteiligung aufzieht, bin ich verantwortlich für dessen Erfolg. Ich verspreche mir davon wirtschaftlichen Profit, will die Serie aber vor allem durchziehen, mit allen vier Teilen. Abseits des Geldes ist das wahres Wachstum: ein selbst definiertes Ziel. Das habe ich mir aufgeladen. Inzwischen muss ich mich wegen dieser Video-Karriere ständig mit riesigen Vertragswerken auseinandersetzen, aber ich beklage mich nicht darüber. Dass ein gelernter Fischteichwirt einen Exklusiv-Vertrag mit Paramount+ aushandelt, kommt eben nicht häufig vor. Mir ist das mit *Arctic Warrior* aus dem Jahr 2023 gelungen. Ein Meilenstein. Noch dazu, weil ich die Videos zeitgleich mit dem Streaming-Portal auch auf meinem eigenen Kanal ausstrahlen durfte. Das war etwas Besonderes. Es zeigt mir, dass ich Pionierarbeit leiste und die Partner es respektieren. Mein Wissen hat einen Wert. Was ich zu geben habe, hat Sinn. Das macht mich glücklich.

Wie wir Warrior werden

Mehr als elf Minuten kämpft Sabrina Outdoor mit dem Wasser, mit Seilen, mit der Schwerkraft und den Widerständen in ihrem Körper. Sie könnte aufgeben, aussteigen, es wäre ja nur eine Challenge, die sie nicht besteht, nur ein Spiel. Aber Sabrina ist voll dabei. Sie gibt nicht auf, setzt immer und immer wieder an. Zuerst springt die Frau mit den dunklen, langen Haaren von einer Plattform ins hellblaue Becken und schwimmt zu einem militärischen Schlauchboot. Das Boot ist, bis auf einen Kameramann, leer. Niemand hilft ihr rein. Sie zieht sich, ihr gesamtes Körpergewicht, über ein Seil am Rand des Boots hinauf. Geschafft. Am Rand applaudieren die anderen Teilnehmerinnen und Teilnehmer des ersten *Ocean Warrior*. Teamgeist liegt in der Luft. Alle wollen, dass alle anderen durchkommen. Sabrina holt Luft und springt wieder in das Wasser, schwimmt mit einer Taucherbrille in der Hand an den Beckenrand. Sie taucht, fünf Meter tief, um ein Objekt vom Boden zu holen. Der Daumen des überwachenden Tauchers hebt sich, dann schnellt Sabrinas Kopf wieder über die Oberfläche. Jetzt muss sie zurück auf das Boot. Sie schwimmt rüber, doch dann geht nicht mehr viel. Sabrina versucht, ihren Körper mit der Kraft ihrer Arme hochzuwuchten, aber die Muskeln versagen. Sie gleitet zurück ins Wasser, man sieht ihr verzweifeltes Lächeln, während vom Beckenrand die Rufe schallen: »Komm, Sabrina!

Zieh dich hoch!« Sie setzt anders an, hebelt ihre Outdoorschuhe über die Wasseroberfläche, um sich mit den Beinen an dem Seil an der Außenwand des Boots zu verhaken, um sich schließlich mit Armen und Beinen hochzuziehen. Dann rutscht sie wieder ab. Sie wirkt ratlos. Die Rufe schallen weiter. Der Mann auf dem Boot gibt einen Tipp. Sabrina entspannt die Arme, greift wieder an, und wieder. Vier Minuten dauert ihr Fight, bis sie ihn letztlich gewinnt. Sie hebelt sich über den Bootsrand, gelangt hinein und klettert, kaum noch beweglich, über die beiden Sitze vor ihr. Auf der anderen Seite springt sie wieder ins Wasser, denn ihre Prüfung ist immer noch nicht vorbei. Sie muss wieder hoch auf den Turm, wobei sie über eine sich selbst überlappende Kletterwand aufsteigen soll. Nur dieser Weg führt zur Glocke, mit der sie die Zeitmessung stoppt. Sie hangelt sich hoch, Wabe für Wabe im wackelnden Netz, und dann, nach elfeinhalb Minuten ist sie am Ziel. Sie schlägt die Hände vor dem Gesicht zusammen. Die anderen Survival-YouTuber im Offtec-Trainingszentrum jubeln lauthals. Sabrina hat mit ihrer Hartnäckigkeit überrascht. Hier hat nicht der Körper gewonnen. Hier hat sich der Wille durchgesetzt.

* * *

Wie wird man ein *Warrior*? Diese Frage bildet den Ausgangspunkt für das, was ich als mein eigenes YouTube-Format definiert habe. Um die krassen Herausforderungen realer militärischer Übungen auf möglichst unterhaltsame Weise rüberzubringen, startete ich 2022 das Projekt meiner Serie. Die Idee: Ich lade ausgewählte Survival-Influencer ein, damit sie sich Grenzsituationen stellen. Unter Bedingungen, wie sie reale Spezialkräfte bei ihren Übungen vorfinden, setzen sich die Teilnehmerinnen und Teilnehmer den Elementen und sehr schwierigen körperlichen und mentalen Aufgaben aus. Eine Mischung aus Spiel und sehr großem Ernst, eine Art der Aufklärung, wie ich sie am besten finde. Mit meinen Partnern, allesamt großartige Experten in den jeweiligen militärischen Feldern, definiere ich die Challenges und ein Setting, das die Männer und Frauen aus dem Teilnehmerfeld an ihre Grenzen bringt. Im Grunde organisieren wir militärische Lehrgänge, die wir fürs breite Publikum dokumentieren – und durchaus dramaturgisch zugespitzt wiedergeben. Denn es soll ja auch Spaß machen, den Leuten dabei zuzusehen, wie sie Krisen überwinden. Vier Teile habe ich für die *Warrior*-Serie definiert, sie sollen Survival-Situationen unter verschiedensten klimatischen Bedingungen und mit sehr unterschiedlichen Ausgangslagen simulieren. Beim *Ocean Warrior* steht der Überlebenskampf auf dem Wasser im Mittelpunkt. Beim *Arctic Warrior* müssen sich die Starter in der Wildnis von Nordfinnland durchbeißen. Der *Jungle Warrior* wird in tropische Gefilde führen, der *Desert Warrior* in die extreme Hitze und Dürre einer Wüste. Neben YouTube-Serien, die ich bei diesen Challenges produziere, möchte ich diese Herausforderungen für möglichst viele Menschen öffnen. Mein Ziel lautet daher, nicht nur Fritz Meinecke und Fabio Schaefer in dieses Szenario zu bekommen. Dieser Absicht ungeachtet bin ich Fritz Meinecke sehr dankbar, dass er auf meine Kommentare bei YouTube reagiert hat, sich zu meinem *Warrior* begab und mich dann später auch noch zu sich einlud. Es ist großartig, dass er dabei war, ich schaue weiterhin zu ihm auf und er hat mir viel Schwung gegeben.

* * *

Für den *Warrior Talk* wiederum interviewte ich auf meinem YouTube-Kanal Leute, die bei besonderen Verbänden und Organisationen ihre Erfahrung gesammelt hatten und wirklich etwas davon verstehen, Menschen für Extremsituationen fit zu machen. Wir sprachen in den Talks über das geballte Wissen der SEK der Polizei, über das Kommando Spezialkräfte (KSK), über Geheimoperationen und psychologische Kriegsführung. Einer, den ich auf diesem Weg kennenlernte, war Clemens Clausen, ein Kampfschwimmer der Bundeswehr. Wer stellt sich jemals die Frage, wie krass die Ausbildung und die physischen Belastungen dieser Nischenexperten sind? Eine Armee, ein Land, braucht diese Menschen. Heute arbeitet Clemens bei einem Zentrum in Schleswig-Holstein, in dem Menschen für Notsituationen auf See trainieren. Gemeinsam kamen wir auf eine Idee, die unser nächstes Ziel sein sollte.

Clemens war selbst Kampfschwimmer beim Bund. Er hat mit Eliteeinheiten anderer Nationen zusammengearbeitet, unter anderem mit den Navy Seals der US-Streitkräfte. Ein echter Routinier für schwierige Aufgaben im Wasser, der weiß, wie man taktisch operiert – und ein Macher. In Enge-Sande, ganz oben im Norden, arbeitet Clemens für das Unternehmen Offtec. Diese Firma liegt auf dem Gelände einer ehemaligen Kaserne und bietet ein High-Tech-Ausbildungszentrum für das Training maritimer Einsätze und Notfälle. Im Normalfall bildet Clausen dort Spezialisten aus, die auf schwierige Situationen auch in zivilen Einsätzen vorbereitet sein müssen. Wer etwa an einer Offshore-Windkraftanlage arbeitet oder auf einer Bohrinsel operiert, braucht Training für den Einsatz im Meer. Das bietet Clemens in Schleswig-Holstein an. Die Halle ist beeindruckend. Von außen könnte sie eine Druckerei beherbergen, ein Farbenlager oder einen Schreinerbetrieb. Im Inneren ist es ein Paradies für Wasserliebhaber. Ein 15 mal 23 Meter großes Becken steht im Mittelpunkt, fünfeinhalb Meter tief und für gewollte sowie Notfall-Tauchgänge perfekt geeignet. Zudem lassen sich darin bedrohliche Szenarien simulieren. Die Technik bringt bis zu drei Meter hohe Wellen in Gang. Wenn das Licht aus ist, bietet die Halle tiefe Dunkelheit – und auch ein Gewitter lässt sich mit einer Blitzanlage simulieren. Dazu kommen all die Vorrichtungen, mit denen man ans Limit gehen kann, etwa die Helikopterkabine. In ihrem Inneren sitzt man angeschnallt und mit Helm wie in einem realen Hubschrauber. Doch diese Kabine hat einzig den Zweck, die Nutzer in Grenzsituationen zu transportieren. Sie kippt in verschiedenen Winkeln ins Wasser. Die Teilnehmenden stehen dann vor der überaus schwierigen Aufgabe, die Luft an- und die Nerven zu behalten und einen Weg nach draußen zu finden. Da kann Panik ausbrechen. Damit nichts passiert, überwachen erfahrene Taucher die Übungen hoch konzentriert und greifen im Notfall sofort ein.

Dieses Trainingszentrum begeisterte mich und Clemens sagte: »Du kannst immer auf die Anlage zugreifen und da was machen, auch mit deinen Kumpels.« Das ist ein Geist, wie ich ihn von ehemaligen Soldaten kenne. Man hilft einander, öffnet sich Wege. Das Trainingszentrum war perfekt geeignet für den Start in meine Serie. Ich zögerte nicht lange und begann, den *Ocean Warrior* zu planen. Mir war wichtig, Wissen zu vermitteln. Anders als in anderen Actionformaten wollte ich die Teilnehmer nicht einfach nur in Situationen werfen, sondern ihnen und dem Publikum Techniken und Fakten erklären. Dinge, die Menschen ansonsten niemals erfahren würden. So tüftelte ich mit Clemens ein Konzept für die Umsetzung aus und setzte mich auch mit den Kosten auseinander. Die Zahlen für das Mieten der Anlage, die Gagen für das Personal und für die professionelle Produktion einer mehrteiligen Action-Streaming-Serie beeindruckten mich durchaus. Es war eine Independent-Produktion und dennoch musste ich dafür Geld im Wert eines sehr gut ausgestatteten Kompaktklassefahrzeugs einkalkulieren. Eigentlich war das massiv überdimensioniert, denn ich hatte damals nicht einmal 40 000 Abonnenten und war somit für Internet-Verhältnisse noch recht unbekannt. Dennoch zögerte ich nicht, obwohl dieses Geld aus meiner Tasche kam, denn die Sache war vielversprechend. Meine neueste Mission, zumal die Rückmeldung der wichtigsten Leute für dieses Projekt mich überwältigte.

Mein Konzept stellte ich beispielsweise Fabio Schaefer vor. Wir waren ja schon gemeinsam draußen unterwegs gewesen, hatten uns durch die Wildnis geschlagen und einen Draht zueinander gefunden. Fabio war bereits ein richtiger Star, seine Kanäle hatten ein Zigfaches der Reichweite meiner. Ich erklärte, dass es um eine Indoor-Ausbildung ging. Das war besser als ein *Ocean Warrior* auf hoher See, denn für manche der Notfallsimulationen hätte ich vermutlich niemals die Genehmigung erhalten. Um sich als *Ocean Warrior* auszuzeichnen, würde man zunächst eine Orientierungsphase bestehen müssen. Dann kam eine Unterweisung. Es gab Theorie und schließlich sehr viel Praxis. Auf zwei Tage setzte ich das Programm an. Das klingt sehr wenig, aber wenn man sich zwei Tage solchen ungewohnten Situationen aussetzt und dazwischen die Nacht in einem Bunker mit allen anderen Teilnehmern verbringt, dann ist das eher eine Erinnerung für den Rest des Lebens. Fabio war angetan. Er sagte sofort zu. Und er werde einen Kumpel mitbringen. Er könne ja auch mal Stephan Pütz fragen. Wer ihn nicht kennt:

Stephan ist ein Star in der Kampfsportart Mixed Martial Arts, bei der sich die Gegner auf brutale Weise mit allen möglichen Tritten und Schlägen bekämpfen. Der eine sprach mit der anderen, die Sache machte die Runde, meine Idee überzeugte die Survival-Stars. So kam in kurzer Zeit ein wirklich überragendes Feld zusammen, das ich vor allem Fritz Meineckes Kontakten zur Szene zu verdanken habe. Sabrina Outdoor, Robert Marc Lehmann, Fabio Schäfer, SurvivalMattin, der Bommel, Andy und Gerrit von Naturensöhne, Stephan Pütz und die beiden ehemaligen Bundeswehrsoldaten Matthias und Sebo. Sebo ist einer meiner ältesten Freunde, wir waren zusammen bei den Fallschirmjägern und auch im Einsatz in Afghanistan. Er war es, um den ich seinerzeit fürchtete, als er mit seinen Leuten unter Feuer kam, während ich den Flussübergang hielt. Eine echte Stütze, einer, mit dem ich in jedes Abenteuer starten würde.

Der *Ocean Warrior* brachte nicht nur großartige Bilder und den Teilnehmern sehr steile Bewährungsproben. Er lieferte mir auch eine Erkenntnis. Viele der Anwesenden hatten 20-, teilweise sogar 50-mal so viele Abonnenten wie ich. Sie hätten sich durchaus arrogant verhalten können oder gar nicht meinem Konzept unterwerfen. Es geschah jedoch das Gegenteil. Dadurch, dass ich dieses Programm so ernsthaft militärisch gestaltete, wie ich es gewohnt war, hatte ich ein Standing bei diesen Leuten. Sie erkannten an, was ich wusste und durchlebt hatte. Sie ließen sich auf diese Welt ein. Ich stellte mich vor diese Leute, erklärte die Basics und erlebte, wie sich eine harmonische Gruppe bildete. Sie waren sichtlich beeindruckt von der neuen Erfahrung. Einen dekorierten Afghanistan-Veteran und einen fast zwei Meter großen ehemaligen Kampftaucher hatten sie noch nie vor sich gehabt. Das beeindruckt die meisten. Sie zogen mit. Das Anfeuern am Beckenrand, als Sabrina Outdoor sich durch ihre Prüfung kämpfte, war nicht aufgesetzt. In nur zwei Tagen hatte sich eine Gemeinschaft gebildet. Das zu sehen bestärkte mich. Dieses Format hatte sehr viel Potenzial. Auch Menschen ohne militärischen Hintergrund würden sich diesen Proben aussetzen und ihren Durchhaltewillen beweisen.

***

Zu *7 vs. Wild* kam ich als Folge dieses ersten eigenen Formats. Diese herausragende Outdoor-Show, ein Baby von Fritz Meinecke, hatte bereits mit ihrer ersten Ausgabe ein Jahr zuvor für Furore gesorgt. Fritz hatte sich gemeinsam mit sechs anderen Kandidaten in Nordschweden aussetzen lassen, die Abonnenten seines YouTube-Kanals verfolgten später gebannt, wie sie sich als Überlebenskünstler schlugen. 2022 stand eine zweite Staffel an und es stellte sich heraus, dass ich mit dem Teilnehmerfeld an meinem *Ocean Warrior* die richtigen Leute eingeladen hatte. Fritz, Sabrina und Robert Marc Lehmann hatten sich in den Wellen Norddeutschlands bewährt. Jetzt standen sie wieder als Kandidaten für die neue Staffel dieser gewaltigen Produktion an, die alles andere in diesem Segment in den Schatten stellt. *7 vs. Wild* begeisterte mich. Ich wollte auch mitmachen und sagte den anderen: »Wenn irgendwann ein Platz frei wird, wenn sich irgendjemand verletzt oder keine Lust mehr hat, ruft mich an! Ich fliege sofort an den Produktionsort.« Doch so kurzfristig musste ich dann gar nicht reagieren. Als Robert Marc Lehmann die Einladung zurückgab, weil er bereits ein anderes Projekt in Planung hatte, sprach Fritz mich an und ich sagte sofort zu.

Die Teilnahme bei *7 vs. Wild* war für mich ein Fest. Ich genoss es, vor der Isla San José aus dem Helikopter in den Pazifik zu springen und mir auf dieser einsamen Insel vor der Küste Panamas Trinkwasser und ein Lager zu organisieren. Ich hatte nur eine Machete dabei, eine Sonderanfertigung des jungen Unternehmens UG-Tools aus dem Sauerland, genau auf meine Bedürfnisse zugeschnitten und geeignet für die verschiedenen Aufgaben in den Tropen. Ursprünglich hatte ich sogar überlegt, ob ich nicht nur eine Gießkanne mitnehmen sollte. Das wäre ein Scherz gewesen. Es hätte demonstriert, dass ich die Sache locker anging. Wenn man gut ausgebildet und vorbereitet ist, darf man das auch sein. Aber als Symbol wäre es falsch gewesen, deshalb verabschiedete ich den Gedanken schnell wieder. Ich wollte nicht überheblich wirken oder mich über irgendetwas lustig machen. Auch wenn es vielleicht lustig gewirkt hätte. Für mich war dieses Abenteuer zwar hart, aber ich konnte auf ein ganzes Reservoir an mentalen Techniken, an Wissen über Verhalten in diesen Situationen und an körperlichen Fähigkeiten zurückgreifen. Ich hatte wirklich Spaß und ich glaube, das merkten die Zuschauer auch. Am Ende war ich derjenige, der auf der Isla San José die beste Leistung zeigte: Ich hielt eine Woche durch, ohne jemals wirklich ans Aufgeben zu denken. Eigentlich war das sogar ganz easy. Das Beruhigende bei einem solchen Auftrag ist, dass es zunächst einmal keine Feinde auf einer Pazifikinsel gibt, die aus dem Hintergrund Sprengladungen zünden oder Raketen abschießen. Und das reicht schon, damit ich entspannt bin. Schließlich habe ich ja ganz andere Erfahrungen gemacht. Dann war es nicht einmal Voraussetzung, sich durch den tiefen Dschungel an ein Ziel durchzuschlagen. So etwas hat immer Tücken. Ich mache das häufig. Wenn wir beispielsweise bei Challenges 100 Kilometer einer Linie folgen, warten da oft heftige Überraschungen auf dem Weg: sauschwere Passagen, tiefstes Gestrüpp, Gewässer, Felsen. All das gab es bei *7 vs. Wild* nicht. Ich wandte mein Wissen und Können an – und saß die Sache aus.

Wie groß das alles werden würde, hatte ich schon in der Vorbereitung auf die Show geahnt. Mit im Team war ja auch Knossi, der sich selbst im Spaß »König des Internets« nennt und vor allem als kettenrauchender, eher dicklicher Entertainer bekannt wurde. Dass er sich in ein Survival-Adventure begab, fand ich erstaunlich. Ich bot ihm an, sich mit mir zusammen auf *7 vs. Wild* vorzubereiten. Wir taten das auf dem Hof meiner Kindheit zusammen mit SurvivalMattin. Ich zeigte Knossi und Mattin, wie man eine Nacht draußen verbringt. Wir montierten eine Hängematte, schnitzten Holz und entfachten zusammen Feuer. Knossi lernte von mir die Grundlagen, die ihm später in Panama beim Durchhalten helfen würden. Es ist erstaunlich, dass er die komplette Woche im Pazifik durchstand. Das Vorbereitungscamp war allerdings nicht nur für ihn eine Offenbarung. Knossi streamte das Geschehen live ins Netz. Es war das erste Mal, dass ich an einem solchen Livestream teilnahm. Ich traute meinen Augen nicht – ganze 80 000 Menschen sahen dabei zu, wie wir den Entertainer geländefest machten.

7 vs. Wild katapultierte mich als YouTuber in eine neue Sphäre. Schon als meine Teilnahme nur angekündigt wurde, sah ich die Zahlen auf meinen alten Videos wachsen – auch wenn diese gar nichts mit dem Thema zu tun hatten. Das war eine gewaltige Chance, ein Turbo für meinen Ansatz, Wissen und Abenteuer zu vermitteln. Wie groß diese Sache war, welchen Hype Fritz Meinecke und seine Leute da produziert hatten, das bewundere ich immer noch. Die Show schaffte es in die YouTube-Topcharts, wir erreichten Abermillionen Menschen, wir waren Thema in Mainstream-Medien. Diese Erfahrung brachte mich zum Weiterdenken. Ich hatte das YouTube-Thema als Nebensache angesehen. Jetzt aber war ich mir sicher, dass es für mich zur zentralen Mission werden würde. In meinem Unternehmen delegierte ich Aufgaben, um mir Zeit zu verschaffen. Ich wollte diesen Weg fortsetzen, weil er mich dem Glück noch näher bringen würde.

***

Durch den Sieg bei *7 vs. Wild* wuchs meine Popularität blitzschnell. Fritz hatte nicht nur das erfolgreichste YouTube-Format Europas geschaffen, sondern sogar den Spitzenplatz bei den »Top Trending Videos« geschafft. Bei diesem sagenhaften Erfolg mit im Team zu sein war die perfekte Gelegenheit, meine weiteren Projekte anzuschieben. Mit dem *Ocean Warrior* hatte ich im Vorjahr schon einen ersten, im Vergleich zu *7 vs. Wild* aber auch eher auf Sparflamme produzierten Erfolg verbucht. Jetzt kündigte ich eine eigene, viel spektakulärere zweite Staffel an, den *Arctic Warrior*. Und die Leute interessierten sich. Ich hatte eine Welle gefunden und ihr eigenen Drive hinzugefügt. Im Frühling 2023 begannen die wöchentlichen Releases meiner Outdoor-Survival-Mission im Norden Finnlands. Ein brutales Spektakel in der polaren Kälte. Eine Mission unter meiner Leitung, bei der es deshalb noch viel ernster zugehen sollte als bei *7 vs. Wild*. Überleben in der Kälte Lapplands erfordert hartes Training. Dem unterzogen wir alle Teilnehmer. Noch dazu verankerte ich meinen Ansatz, das Militär im Video zu zeigen. Es war kein Einzelkampf, stattdessen gingen Teams aus militärisch trainierten Spezialisten und körperlich zähen Gaststars ins hundertstündige Abenteuer. Evil Jared, Bassist der Band Bloodhound Gang, der Paralympics-Skiathlet Gerd Schönfelder, die Schauspielerin Yvonne Pferrer, der Creator Sascha Hellinger (*Unsympathisch TV*) und MMA-Kämpfer Stephan Pütz wagten sich nach Norden. Ich finde das bis heute faszinierend. Dass sich etwa Sascha Hellinger darauf einließ, dass wir gemeinsam diese Sache erleben durften, das war unvergesslich.

Diese Show katapultierte mich in ein ganz neues Leben. Nicht nur war die Produktion des *Arctic Warrior* ein enormes Medienspektakel. Nein, vorher hatte ich auch eine neue Branche kennengelernt. Es ging jetzt um Rechte, um Paragrafen und Lizenzgebühren. Als YouTuber war ich es gewohnt, schnell und einfach meine eigenen Takes in Netz zu stellen. Ich hatte den Luxus ausgereizt, auf den von mir selbst kontrollierten Kanälen mein eigenes Zeug zu schaffen und mich mit der Welt der YouTuber zu vernetzen. Jetzt aber sprang ich in eine andere Dimension. Das Projekt war so gewaltig, dass ich mir einen zahlungskräftigen Partner sicherte. Wie bereits angerissen, entschied sich das neue Streamingportal Paramount+, mit mir ins Geschäft zu kommen. Sie bezahlten mich dafür, den *Arctic Warrior* in ihr Programm zu nehmen. Es überrascht mich bis heute, dass sie mir trotzdem das Recht ließen, jede einzelne Folge dieser Serie gleichzeitig auch auf meinem eigenen YouTube-Channel zu zeigen. Es gibt mir aber auch die Gewissheit, dass ich hier zusammen mit anderen, sehr kompetenten Partnern etwas geschaffen habe, das man als eigenes Werk anerkennt und eben nicht nur als beliebiges Unterhaltungsprogramm. Es geht um mehr. Wir machen Spektakel, aber wir führen es so ernst durch, wie man es bei einem Einzelkämpferlehrgang täte. Und so hatte ich, nach zwei Jahren auf YouTube, 2023 gleich mehrere Videos, die über eine Million Zuschauer erreichten. Ich kam in einen Beschleunigungsgang. Ich bin zum Muster geworden, zum Beispiel dafür, was möglich ist, wenn man sich traut. So gastiere ich heute auf YouTube-Days, gebe Zeitungsinterviews und bin einer, der für selbst gemachten Erfolg im Internet steht. Das ist oft stressig, denn es führt viel Reiserei nach sich, viel Reden und sich Zerreißen, es kostet mich Kraft, die ich auch für mein Unternehmen brauche und all die Projekte, die sonst noch anstehen. Es ist anstrengend, aber es gibt so viel zurück.

Im Sommer fliege ich nach Kanada, ganz in den Norden, wo es nur noch Grizzlys und Wölfe gibt, aber keine Menschen mehr. An meiner Seite ein Star der neuen Medien, dessen Namen ich zwei Jahre zuvor noch nicht einmal kannte. Wir gehen in die Wildnis, ohne Essen, aber mit Gewehren. Wir sind entschlossen, starke Bilder zu machen. Bilder, die wir auf diesem Weg durch den Nordwesten Amerikas für ein neues Videoformat schaffen. Bilder vor allem, die wir in unseren eigenen Köpfen immer mit uns tragen werden, echte Erlebnisse, Grenzerfahrungen. Bilder, mit denen dieses Buch begann und mit denen es nun (fast) endet. Wir machen, was wir wirklich wollen. Wir sind im Paradies.

So bekommst du das Bulletproof-Mindset

Dieses Kapitel unterscheidet sich von den vorherigen. du hast mich jetzt gut kennenlernen können und weißt, was ich in meinem Leben vorgehabt und erlebt habe. Ein Buch zu schreiben, darauf wäre ich bis vor Kurzem überhaupt nicht gekommen. Warum sollte irgendwen meine persönliche Geschichte interessieren? Es ist nicht unbedingt so, dass ich mich auf Bühnen dränge, dass ich mein Gesicht oder meine Biografie nach außen tragen müsste. Ich kann genauso gut oder noch viel besser im Privaten leben, bin lieber allein im Wald als in einem vollen Veranstaltungssaal. Doch die vergangenen Jahre haben mir gezeigt, dass ich die Menschen glücklich machen und inspirieren kann, wenn ich meine eigenen Erlebnisse, Gedanken und Emotionen teile. Ihre Fragen zu beantworten macht wiederum mich glücklich. Als der Verlag dieses Buchs fragte, ob ich nicht Lust auf ein solches Werk hätte, musste ich natürlich erst überlegen: Wen würde dieser Text interessieren? Aber es machte mich neugierig, dass ein großes Verlagshaus mich ansprach. Anfang 2023 wusste ich nichts übers Bücherschreiben, so wie vor zwei Jahren nichts über das Drehen und Verbreiten von Internet-Videos. Aber ich begriff schnell, dass der Verlag meine Themen spannend fand, und war in den Gesprächen schnell überzeugt. Vor allem, weil dieses Buch, so sagten es die Profis, eben keine Star-Biografie sein, sondern Menschen inspirieren und ihnen Anstöße und Tipps geben sollte, wie sie in ihrem Leben weiterkommen und wachsen. Es sollte um Mindset gehen, ein Modewort, klar, aber inhaltlich fühle ich mich zu diesem Thema berufen. Ich brauche mich nicht selbst zu loben. Ich weiß, dass ich den Mindset habe, um extreme Prüfungen und kleine Probleme zu bewältigen. Daraus möchte ich gern ein paar Lektionen weitergeben.

Deswegen spreche ich dich jetzt direkt an. Denn in diesem Kapitel geht es mir darum, wichtige Mindset-Lektionen herauszuarbeiten. Nicht jeder wird im Leben in einem Dschungel ohne Lebensmittel ausgesetzt. Das ist der absolute Ausnahmefall. Genauso sieht es mit Beschuss und Bomben aus. Selbst in Regionen, die wir als Krisenherde bezeichnen, knallt es nicht die ganze Zeit. Dennoch steckt jeder Tag, jede Woche, jedes Jahr, jeder Job, jede Ausbildung, jedes Hobby und natürlich jede Beziehung zu anderen Menschen voll von Challenges. Nimm diese Herausforderungen ernst und entwickle eine Haltung zu ihnen! Du kannst die Dinge für dich beeinflussen, wenn du an deinem Mindset arbeitest.

1. Nur Ziele bringen dich weiter

Wie zielgerichtet führst du dein Leben? Was hast du heute vor? Was möchtest du am Ende des kommenden Jahres abgehakt haben? Wie oft stellst du dir solche Fragen? Oft genug?

Mit meinem Freund, der mich zum YouTuben brachte, habe ich schon seit vielen Jahren eine Tradition. Wir sind ehrlich zueinander, absolut transparent und offen. Das ist ein Geschenk. Wir helfen einander, indem wir über unsere Ziele sprechen. Seit Jahren haben wir das zum Ritual gemacht. Wir definieren gemeinsam, was wir im kommenden Jahr erreichen möchten. Und da geht es schon los. Woher weißt du überhaupt, was deine Ziele sind? Sie zu definieren bedeutet ordentlich Denkarbeit. »Mehr Geld verdienen« oder »ein schickes Auto« sind als Formulierungen nicht geeignet, denn sie bleiben sehr vage. Ziele müssen konkret sein und vor allem immer in einem Kontext stehen: Warum ist es mir wichtig, mehr Geld zu verdienen? Wie viel sollte es denn sein? Und wofür brauche ich es eigentlich? Wenn du deine vermeintlich klaren Ziele hinterfragst, kommst du deinen eigentlichen Zielen näher. Nimm dir die Zeit dafür!

Um Ziele gut herauszuarbeiten, ist es ratsam, sie in Dimensionen einzusortieren. Mein Freund und ich nutzen jedes Jahr dasselbe Schema, das ich mir in mein Notizbuch schreibe und an dem ich entlangdenke, wenn ich meine Ziele formuliere. Es handelt sich um ein Sechseck, in dem ich meine Vorgaben aufschreibe. Die Dimensionen lauten: *Liebe, körperliche und geistige Gesundheit, Soziales, Sinn, Karriere, Finanzen*. Ich finde, damit kannst du alles abdecken, was dir wichtig ist. *Liebe* sind deine Beziehungen zu den wichtigsten Menschen: Was möchtest du da gern erreichen? Was wünschst du dir? Die Dimension *körperlicher und geistiger Gesundheit* bringt Zielfragen auf wie: Wie kann ich meinen Oberkörper muskulär so verbessern, dass ich die Rückenschmerzen loswerde? Wie werde ich den Stress los, unter dem ich mental und körperlich leide? Beim *Sozialen* geht es ums Ehrenamt, ums Engagement für andere, für die Gesellschaft. *Sinn* ist etwas, das Menschen verstärkt suchen, im Arbeitsleben und in der Freizeit. Es befriedigt, wenn du

Tätigkeiten übernimmst, die einen Sinn haben. Den kannst du selbst am besten definieren. Und dann stellen sich natürlich die klassischen Fragen. *Karriere*: Wohin soll es im nächsten Jahr beruflich gehen? Willst du aufsteigen, aussteigen, umsteigen? Über die *Finanzen* und somit über Geld musst du auch immer sprechen, mit dir selbst und mit anderen. Denn ohne Geld, das dürfte klar sein, ist es sehr schwierig, andere Ziele zu erreichen.

2. Hast du deine Ziele erreicht?

Sei ehrlich zu dir und überprüfe, wie du dich entwickelt hast. Zu unserem Ritual gehören das schonungslose Aufarbeiten unserer jeweils ein Jahr alten Ziele und die Rückmeldung meines Freundes. Wir schließen uns dafür ein ganzes Wochenende ein und widmen uns dem jeweils anderen. Allein das fühlt sich schon wahnsinnig wertvoll an. Probiere es mal aus!

Wenn wir dasitzen, bewerten wir unseren Zufriedenheitsgrad in den sechs Dimensionen, gemessen auf einer Skala von null bis zehn Punkten pro Bereich. Es kann also sein, dass ich – gemessen an meinen Zielen und dem Erlebten im zurückliegenden Jahr – eine acht von zehn für die Dimension *Soziales* vergebe. Und dann kann es durchaus sein, dass mein Freund sagt: »Mensch, Otto, du Heuchler! Da redest du dir echt was schön!« Habe ich meine Ziele wirklich erreicht? War es überhaupt richtig, sie als Ziele zu definieren? Was könnte ich verändern, um doch noch dorthin zu gelangen? Wir sagen dann: »Was würde es bedeuten, etwas zu erreichen, und käme man damit von der Sechs auf eine Acht von zehn?« In diesem jährlichen Abgleich steckt enorm viel für mich. Ich dokumentiere die Ergebnisse für mich selbst, schreibe wiederum neue Ziele auf. Im Laufe eines Jahres ziehe ich dieses Notizbuch immer wieder aus dem Schrank in meinem Büro. So werde ich ehrlich zu mir und orientiere mich an dem, was ich tatsächlich erreichen will. Schönreden und Verdrängen haben so kaum noch eine Chance.

3. Du sollst wachsen wie ein Baum

Ein Baum, der nicht wächst, stirbt irgendwann. Diese Weisheit der nordamerikanischen Natives trage ich mit mir herum wie ein Mantra. Wenn ich draußen in der Natur bin, sehe ich, wie sich neue Pflanzen neue Wege bahnen, wie frische Äste wachsen und alles danach strebt, höher hinauszukommen. Wie oft hast du das Gefühl, dass du wächst? Und wie oft hast du das Gefühl, dass du eigentlich auf der Stelle trittst? Wenn die Stagnation überwiegt, solltest du anpacken. Denn es macht nicht glücklich, sein Leben abzusitzen. Wachsen können wir Menschen jeden Tag, in beinahe unendlichen Zusammenhängen. Du kennst das vielleicht aus dem Fitnessstudio. Manchmal merkst du schon innerhalb einer Trainingssession, wie die Muskulatur auf die Impulse an den Geräten reagiert. Du spürst, dass Wachstum beginnt. Wenn du nicht nur das vermeintliche Standardprogramm machst, sondern nachdenkst, steigt dein Bewusstsein für das Wachstum. Du wirst dich informieren, du wirst erkennen, welchen Wert Regeneration und Ernährung für deine Muskulatur haben. Es wächst also auch dein Wissen und mit ihm wachsen neue Zweifel, wenn du ehrlich bist.

Das Schöne ist: Wachsen kannst du jeden Tag, an so vielen Dingen. Du meinst, du kannst nicht kochen? Versuche es zusammen mit jemandem und höre aufmerksam zu. Du meinst, du bist gut genug in deinem Beruf? Hast du mal mit jemandem gesprochen, der ein Start-up in deiner Branche hochzieht? Du meinst, deine Partnerschaft ist in Ordnung? Hast du mal nachgefragt, welche Wünsche die Person an deiner Seite hat, um auf Dauer glücklich zu sein? Wenn wir Neues beginnen oder Bewährtes fortentwickeln, wachsen wir. Der Spanischkurs am Montagabend, die Bewerbung auf eine neue Karrierestufe und auch die Diskussion, die wir bislang aus Bequemlichkeit nicht ausgetragen haben, lassen uns wachsen.

4. Raus aus der Komfortzone

Hast du es gern gemütlich? Das kann ich verstehen. Aber bist du gern faul? Immer? Hoffentlich nicht. Das Leben steckt voller Widerstände und Probleme. Es ist oft zum Verzweifeln. Wer kennt das nicht? Aber was bringt es dir, darüber Trübsal zu blasen? Ein Kern meines Mindsets liegt darin, Probleme zu Herausforderungen, zu Challenges zu machen. Aus einer Belastung wird eine Aufgabe, eine Mission. Wenn ich mich mit dem Zoll wegen Importbestimmungen herumschlagen soll, finde ich das erst mal auch nicht cool. Mir fallen tausend spannendere Sachen ein – aber ich muss schon erkennen, dass ich eine Lösung brauche. Sich aktiv auf die Suche nach Lösungen zu begeben bringt oft schon eine ganz andere Haltung mit sich. Aus Passivität wird Aktivität.

Und weil das so ist, rate ich jedem: Such dir immer neue Herausforderungen, deren Lösung du nicht aus dem Ärmel schütteln oder aus deiner Routine abrufen kannst. Klar, Erfahrung ist ein Geschenk, aber nimm sie mit in andere Zusammenhänge. Dann bringt sie dich weiter! Ich habe hoffentlich noch viele Jahre vor mir und bin fest entschlossen, ganz viele neue Herausforderungen anzunehmen. Ich habe mich aus einem Akademikerhaushalt emanzipiert, eine Lehre in einem ungewöhnlichen Beruf gemacht, bin zum Bund gegangen, habe dort eine Eliteausbildung durchlebt und extrem harte Lehrgänge bestanden. Ich war in Afghanistan und bin sogar wieder hingegangen, obwohl es möglich gewesen wäre, in Deutschland zu bleiben. Ich habe Firmen aufgebaut, neue Geschäftsfelder gefunden und nebenher noch eine Sportlerkarriere gestartet und wieder beendet. Mich reizt das Schwierige, das Neue, das Tüfteln und Lösen. Geht es dir nicht auch so?

5. Aus Überwindung schöpfst du Selbstvertrauen

Wenn du deine Widerstände überwindest und dich auf Sachen einlässt, die wirklich Kraft oder Energie kosten, fühlt sich das oft befreiend an. Aber unser System schützt uns davor. Wir Menschen sind auf Energiesparmodus ausgelegt. Das ergibt oft Sinn, aber wer sich nur ausruhen möchte, verliert dabei einen anderen Aspekt aus dem Blick. In uns steckt ebenfalls immer noch der Wunsch, etwas zu jagen, etwas zu sammeln, etwas zu ergattern, was wir vorher nicht hatten. Um das zu tun, musst du oft richtig hart arbeiten, mitunter sogar so hart, dass du es dir vorher nicht zutrauen würdest.

Ich bin immer noch beeindruckt von den Menschen, die ich im Laufe der Jahre getroffen habe, die ihre Belastungsgrenzen verschoben haben oder manchmal sogar darüber hinausgegangen sind. Ein schönes Beispiel dafür ist Knossi. Als Kettenraucher mit Übergewicht und ohne Fitness auf eine einsame Insel zu gehen, um sich dort eine Woche lang ohne Kontakt zur Außenwelt und ohne Essen und Trinken durchzuschlagen, muss diesem Internet-Star so fern liegen wie mir ein Auftritt im Bolschoi-Ballett. Aber Knossi ließ sich drauf ein. Er blieb bei *7 vs. Wild* standhaft, kam durch und lieferte eine unerwartete Story. Hier zeigt sich, wie wichtig das Selbstvertrauen ist, wenn man sich auf etwas einlässt. Wenn so jemand so etwas schafft, was kann dann ein gut trainierter Mensch erreichen? Was kannst du schaffen, was du dir bislang nicht zugetraut hast? Das Schönste daran ist: Am Ende garantiert dir der Aufwand, der Gang an deine Grenzen, ganz neue, ganz positive Erfahrungen. Wer einen Marathon besteht, ist stolz und sammelt Selbstvertrauen. Dieses Selbstvertrauen lässt sich auch in andere Bereiche des Lebens übertragen. Wer sich auf einen Berg gewuchtet hat, wer oben auf dem Gipfel angekommen ist, erntet aus dieser Überwindung eine Stärke, auf die er oder sie sich immer wieder besinnen kann.

6. Der Wille entscheidet

Das Leben steckt voller Überraschungen. Menschen und Mannschaften überwinden die Voraussagen. Knossi kommt in den Tropen durch, obwohl ihm das niemand zutraut. Auf der anderen Seite scheitern extrem fitte Sportler bei der Aufnahmeprüfung für einen Ausbildungsgang bei der Bundeswehr. Manche Leute bereiten sich sehr lange auf Prüfungen vor, driften aber im Moment der Wahrheit ab und verlieren den Überblick. Wer eine Arbeitslast, einen langen Marsch, eine besondere körperliche Anstrengung vor sich hat, sollte nicht allein auf die physische Seite achten. Wenn du schon mal mit erfolgreichen Sportlern gesprochen hast oder wie ich mit Menschen, die unter extremen Bedingungen ihre Leistung erbringen müssen, dann wirst du immer wieder auf die begrenzte Macht des Körpers hingewiesen. Die beste Muskulatur hilft nicht, wenn der Bodybuilder den Koffer nicht die Treppe hochtragen *will*. Wenn er stattdessen Aufzug fährt, verbraucht er Strom. Strom, der wiederum irgendwo herkommen muss. Man kann das weiterdenken. Und es ist, so kann man es auch sehen, immer ein Akt der Stärke, die Treppe zu nehmen statt der Rolltreppe.

Du kannst deinen Willen überall auf die Probe stellen. Dein Wille ist es, was deinen Erfolg erst möglich macht. Durchhalten, extreme Schmerzen und Entsagungen durchstehen, das habe ich aus Willenskraft geschafft. Und die Kraft deines Willens lässt sich trainieren. Dafür brauchst du ihn nur in den Blick zu nehmen, wenn du eine Aufgabe hast. Wie stark ist er in dem Moment ausgeprägt? Was passiert, wenn du ihn anspannst wie einen Muskel? Was ziehst du daraus, wenn du mit dieser Kraft durch einen Kletterparcours gekommen bist, der dir eigentlich zu schwierig erschien? »Der Wille entscheidet« – so heißt auch der Leitspruch des Kommandos Spezialkräfte bei der Bundeswehr. Das ist kein Zufall. Als Elite der deutschen Armee sind sie extrem gut geschult, topfit und taktisch bestens ausgebildet. Sie haben hervorragendes Equipment. Aber sie sagen: »Es ist der Wille, der uns auszeichnet.«

7. Mach es voll und ganz

Auf Herausforderungen solltest du dich nur einlassen, wenn du dafür auch die Zeit hast, die Lust und die nötigen Ressourcen. Es bringt überhaupt nichts, sich für einen Kurs anzumelden, ein Instrument zu lernen oder ein neues Projekt aufzuziehen, wenn du nicht die Möglichkeiten siehst, die Sache auch richtig umzusetzen. Richtig heißt: wie ein Unternehmer, wie einer, der am Ende etwas gewinnen, verdienen, herausholen will. Hinterfrage dich in all den Dingen, die du anfängst, denn du hast nicht unendlich viel Zeit, im Gegenteil. Schau dir an, wo du im Verhältnis zu deiner Lebenserwartung stehst. Und dann überleg dir, wie viel Zeit dir jetzt noch bleibt und wie viel du eigentlich noch verschwenden möchtest. Es ist ja dein Leben, du trägst dafür die Verantwortung. Mein Rat lautet: Wenn du etwas machst, dann mach es voll und ganz.

Intuitiv habe ich das schon immer so gesehen. Das Leben als Soldat war für mich keine Sache, die ich zeitlich eingegrenzt habe. Es gab keinen Feierabend, keine Wochenenden, an denen ich nicht als Soldat dachte. Mein Leben als Unternehmer verläuft genauso: Du kennst keine Arbeitszeiten, du schaffst dir Räume und handelst auf eigene Rechnung. Unternehmerisches Handeln macht dich konsequenter, stärker, schneller und zielgerichteter. Das kannst du gut gebrauchen, um die Dinge anzugehen, die du wirklich angehen willst. Wieso habe ich gleich richtig Geld in die Hand genommen, um meine erste eigene YouTube-Survivalshow so professionell wie möglich zu filmen, zu schneiden und zu veröffentlichen? Weil es sonst eine Verschwendung von Lebenszeit gewesen wäre. Nicht nur meiner eigenen, sondern auch der meiner Mitmenschen. Ich schulde es den

Kandidaten in meiner Show, ich schulde es meiner Frau, meiner Familie, ich schulde es auch den Partnern draußen, dass das bestmögliche Ergebnis entsteht, wenn all diese Leute mir die Verantwortung übergeben. Aber vor allem schulde ich es mir selbst.

8. Trage immer Verantwortung

Wie wird ein Mensch gewissenhaft? Was steigert sein Gefühl, sein Bewusstsein dafür, dass er etwas Sinnvolles tut? Der Schlüssel liegt in der Verantwortung. Ich bin fest davon überzeugt, dass man sich nicht auf Dauer ducken kann. Ich glaube daran, dass die Gesellschaft nur gut funktioniert, wenn Menschen verantwortlich handeln. In einem Gedanken bin ich sehr konservativ, aber aus meiner Sicht gerät er nie aus der Mode. Er lautet: Niemand anders ist dafür verantwortlich, wenn ich meine Aufgaben nicht erledige. Wenn andere Leute mir Probleme bereiten, habe ich die Verantwortung, das zu benennen und zu lösen. Ganz allgemein: Ich suche nicht nach Ausreden. Ich frage mich, wie mein Handeln vor meinem Gewissen und dem kritischen Blick meiner Mitmenschen vertretbar ist.

Ich habe Verantwortung übernommen, als meine Kameraden und ich von einem unsichtbaren Feind angegriffen wurden, als eine Sprengbombe meinen besten Freund und Vorgesetzten auf dieser Mission tödlich verletzte. Ich habe Verantwortung übernommen, als es darum ging, Missstände beim Afghanistan-Einsatz an die militärische Führung und in die Regierung zu melden. Ich habe Verantwortung übernommen, als es darum ging, einen Sportverein zu führen.

Ich übernahm auch Verantwortung, als ich mich auf die Karriere als Soldat einließ. Ich trug sie, als ich mit meinem Freund auf einen viel zu hohen Baum kletterte und wir nicht wieder runterkamen. Wir ernteten Schimpfe, als der Vater meines Freundes uns später zu Hilfe kam, und auch das war richtig so. Das hatten wir verdient.

Verantwortung bedeutet auch: Ich formuliere Ziele, für deren Folgen ich die Haftung übernehme. Ich weiß beispielsweise, dass der Content, den wir schaffen, viele negative Effekte für Umwelt und Klima hat. Würden wir den *Arctic Warrior* nicht in Skandinavien oder unser Abenteuer in der Wildnis nicht in Nordkanada drehen, könnten wir uns viele Flugreisen sparen. Mit dem, was ich mache, hinterlasse ich einen Fußabdruck. Dessen bin ich mir bewusst, nicht nur, weil ich noch immer von der Literatur schwärme, die das naturnahe Leben der Ureinwohner beschrieb. Für mich gehört es deshalb dazu, dass ich versuche, die Spuren meines Lebens so gut wie möglich zu verwischen und Neues von Wert für die Welt entstehen zu lassen. Beispielsweise durch Aufforstungsaktionen, für die ich nicht nur Geld einsetze, sondern auch selbst mit Leuten wie Stephan Pütz und Robert Marc Lehmann die Spaten in den Boden stecke. Oder dadurch, dass ich in meinem Content die Verantwortung für dieses Handeln anspreche. Ich habe dabei mitgeholfen, anderthalb Millionen Unterschriften für das Verbot von Tierpelzen zu mobilisieren. Hier kann ich helfen, hier kann ich Farbe bekennen. Und insgesamt kann ich, Otto Bulletproof, mit meiner neuen Reichweite noch viel mehr darüber aufklären, wo wir als Menschen Verantwortung tragen. Findest du auch solche Stellen in deinem Leben, deiner Umwelt, wo du Verantwortung zum Thema machst? Hast du das Gefühl, dass du freundlich und hilfsbereit zu deinen Mitmenschen bist? Oder geht da noch was? Stell dich deiner Verantwortung.

9. Geh raus!

Es gehört zu mir. Ich sitze nicht gern vor meinem Rechner. Ich bin keiner, der die ganze Zeit reden muss. Paradox, dass ich jetzt ein Buch geschrieben habe. Ganz ohne Hilfe ging das natürlich nicht. Aber die Gedanken, die ich hier aufführe, wollte ich unbedingt loswerden. Ich hoffe, sie regen dich an. Jetzt ist es für mich aber, wie so oft während der Arbeit an diesem Buch, wieder Zeit, mich von der Bildfläche zu verabschieden. Ich gehe in die Wildnis, in meine nächste Mission. Das gehört zu meinem Leben, so lange ich mich erinnern kann. Es hat mich immer glücklich gemacht.

Ich bin sicher: Wenn auch du mehr rausgehst, draußen Sport machst, spazierst, neue Gegenden entdeckst und herumschaust, wirst du dein Leben als sinnvoller wahrnehmen. Dein Blick wird sich weiten, neue Ideen werden zu dir kommen. Das Licht des Tages und die Eindrücke der Nacht werden dich bereichern. Du wirst merken, dass man nicht immer einen Bildschirm vor sich braucht, Musik auf den Ohren oder einen Snack in der Nähe. Du wirst erleben, dass sich manche Sorgen ganz von selbst auflösen, wenn du draußen auf Tour bist. Dass Gedanken sich ordnen und neue Kraft wächst. Wenn du nicht weiterkommst, einen Hänger hast, eine Pause brauchst oder zu viel vor dem Bildschirm sitzt: Geh raus! Es wird dein Leben verändern, das verspreche ich dir!

Über den Autor

Otto Bulletproof, 1982 in Gießen als Ottogerd Karasch geboren, ist ehemaliger Fallschirmjäger und war als Mitglied des Fallschirmspezialzuges in Afghanistan im Einsatz. Seine Erfahrungen gibt er in Überlebenstrainings weiter. Seit 2020 betreibt er einen YouTube-Kanal rund um die Themen Survival, Bushcraft und Bundeswehr. Inzwischen hat der Kanal mehr als eine halbe Million Abonnenten. 2022 gewann er die zweite Staffel von *7 vs. Wild*.